ヌーヴェル・ヴァーグ

世界の映画を変えた革命

古賀 太
Koga Futoshi

a pilot of wisdom

目次

「はじめに」に代えて——10

第一章　フランスのヌーヴェル・ヴァーグとは——15

（1）命名と普及
（2）始まり
（3）中核グループの形成
（4）そのほかのヌーヴェル・ヴァーグ
（5）経済的条件
（6）技術的変容

第二章　一九五九年までの道のり——35

（1）「カメラ万年筆」論

（2）アンドレ・バザン
（3）トリュフォーの問題論文
（4）作家主義
（5）「カイエ派」の初期短編
（6）左岸派などの初期短編
（7）ロジェ・ヴァディムとルイ・マル

第三章　ヌーヴェル・ヴァーグの開花――55

（1）ヌーヴェル・ヴァーグの美学
（2）シャブロルの方法
（3）トリュフォーの奇跡
（4）『勝手にしやがれ』の衝撃
（5）ロメールの謎
（6）ジャック・リヴェットの陰謀と演劇

第四章　「左岸派」たちの肖像——79
（1）アラン・レネの冒険
（2）唯一の女性、アニエス・ヴァルダの虚実
（3）ジャック・ドゥミのファンタジー
（4）ジャン・ルーシュの映像人類学
（5）クリス・マルケルの反体制
（6）奇想天外なジャック・ロジエ
（7）そのほかの監督たち
第五章　ポスト・ヌーヴェル・ヴァーグの監督たち——107
（1）ジャン・ユスターシュの登場と死
（2）フィリップ・ガレルの孤独
（3）アケルマンのフェミニズム
（4）ドワイヨンの自由

（5）テシネ、ジャコからカラックスへ
（6）ピアラたちの遅いデビュー

第六章　日本におけるヌーヴェル・ヴァーグ——131
（1）ヌーヴェル・ヴァーグという言葉
（2）日本のN・V
（3）大島渚の破壊力
（4）吉田喜重と篠田正浩
（5）増村保造と中平康
（6）そのほかの監督たち

第七章　西欧に広がるヌーヴェル・ヴァーグ——159
（1）イタリア
（2）イギリス

（3）ドイツ
（4）スイス
（5）スペイン
（6）ポルトガル
（7）ギリシャ

第八章　旧共産圏とアメリカ大陸――183

（1）ポーランド
（2）チェコ
（3）ハンガリー
（4）旧ユーゴスラヴィア
（5）旧ソ連
（6）ブラジル
（7）キューバ

（8）アメリカ

第九章　映画史から現代へ　211

（1）ヌーヴェル・ヴァーグの再定義
（2）初期映画から
（3）サイレント映画の黄金時代
（4）トーキー初期のリアリズム
（5）八〇年代以降
（6）二一世紀になって

あとがき　246

註　252

索引

章扉デザイン／ＭＯＴＨＥＲ

本文中の映画タイトルに続くカッコの中の西暦は、映画の製作年（又は公開年）を表す。

「未」は劇場のみならず、テレビ放映、映画祭、ＤＶＤ、配信などを含んで日本未公開を指す。

資料の引用及び作品内容の紹介には一部、今日の人権意識に照らして不適切な表現があるが、当時の時代性に鑑み、修正は最低限とした。

「はじめに」に代えて

個人的な話からこの本を始めたい。同じ集英社新書の前著『永遠の映画大国　イタリア名画120年史』は、私の朝日新聞社勤務時代の二〇〇一年に、同社ほかの主催で始まった「イタリア映画祭」から生まれた。しかし今回の『ヌーヴェル・ヴァーグ』は、夢見た時間がはるかに長い。

一九八〇年に大学に入学した私はなぜか映画好きになり、パリに留学した。ビデオのレンタルが一般的になる少し前の話である。一九八四年七月末にパリに着くと、しばらくしてフランソワ・トリュフォーが亡くなった。しかし一年の留学中にはジャン゠リュック・ゴダールやクロード・シャブロル、エリック・ロメール、アラン・レネなどの新作が次々に公開されていたし、「ヌーヴェル・ヴァーグ」はまだまだ続くように思われた。特に一九八〇年に『勝手に逃げろ／人生』で商業映画に復帰したゴダールは華やかに活動しており、これまで見られなかった七〇年代のビデオ作品を含む過去の作品が頻繁に上映されていた。

それから四〇年近くたって、二〇二二年九月一三日にゴダールが亡くなった。ヌーヴェル・

ヴァーグ（以下、N・Vと表記）を代表する監督だっただけに、その終焉《しゅうえん》がさまざまに語られた。二〇二三年の六月に『アデュー・フィリピーヌ』のジャック・ロジエ監督の死が伝わり、これでフランソワ・トリュフォー、エリック・ロメール、ジャック・リヴェット、クロード・シャブロル、アラン・レネ、ジャック・ドゥミ、アニエス・ヴァルダ、ジャン・ルーシュ、クリス・マルケルなどフランスでN・Vに分類される主要監督たちがこの世を去ったことになった。彼らに支配された時代がとうとう終わった気がした。

私にとってロジエの死が感慨深いのは、映画についての文章が初めて活字になったのがロジエ論だったからでもある。大学院生のとき、蓮實《はすみ》重彦氏責任編集の季刊『リュミエール』にジャック・ロジエ監督『メーヌ・オセアン』論を投稿し、一九八七年夏号に採用された。それは前年の夏にパリで見たもので日本では未公開だった。

同じころ、パリで映画評論家、監督のジャン・ドゥーシェさんと出会い、その後二〇一九年一一月に亡くなられるまで、毎年会う仲となった。日本にも小津《おづ》安二郎生誕百年記念国際シンポジウムを始めとして、何度もやってきた。私にとっての一番の「映画の師匠」だった。ドゥーシェさんはゴダールなどと同世代で、一緒に『カイエ・デュ・シネマ』誌などに書き始めたが、オムニバス映画『パリところどころ』（一九六五年）の監督作「サンジェルマン・デ・プレ」を除いてはむしろ評論家として知られている。あるいはゴダールの『勝手にしやがれ』にもトリュフォーの『大人は判ってくれない』にもちょっとだけ出演していると言った方がわかりやすいだろうか。

パリに行くと必ず会ったのは、ドゥーシェさん以外に映画プロデューサーの吉武美知子さんがいた。彼女は八四年の留学時からの知り合いで、会うたびにレオス・カラックスやアルノー・デプレシャンといったN・Vの後継者たちを教えてくれたが、二〇一九年六月に亡くなった。その一年前にはフランス映画の字幕翻訳者の寺尾次郎さんが他界していた。ゴダールなどの難解なフランス映画の字幕を一手に手がけていた。彼とも八〇年代後半から何度となく会って酒を飲み、フランス映画について語り合った。

朝日新聞社で私は、N・Vの監督たちが再評価した監督たちを日本に定着させるべく、リュミエール兄弟、ジョルジュ・メリエス、ジャン・ルノワール、ハワード・ホークス、ルキノ・ヴィスコンティ、カール・ドライヤー、フリッツ・ラング、F・W・ムルナウなどの全作品上映を企画し、その大半に蓮實重彥氏の協力をもらった。いわばN・Vの末端の「使徒」のような気分だった。女優のフランソワーズ・アルヌールさんはルノワール作品では『フレンチ・カンカン』など二本出演しており、ルノワールの回顧上映に来日してから毎年会っていたが、彼女も二〇二一年に亡くなった。

一方で二〇〇九年に職場が大学に移ってからは、新たな次元が加わった。映画史全般を教えているど、あちこちにN・Vに近い表現が見つかった。例えば清水宏《ひろし》監督の『有りがたうさん』（一九三六年）やフランスのジャン・ヴィゴ監督の『アタラント号』（一九三四年）、イタリアのマリオ・カメリーニ監督『殿方は嘘吐き』（一九三二年）などを見ると、「これぞヌーヴェル・ヴァーグ！」と言いたくなる。映画が音というリアリズムの新たな武器を手にした時代の作品で、これまでとは明らかに違う即興的な表現が現れている。

フランスのN・Vはトリュフォーの『大人は判ってくれない』が公開された一九五九年に始まったと言われるが、同じ年にアメリカではジョン・カサヴェテスが極めてN・V的な『アメリカの影』を発表している。この二本に影響関係は全くない。ほかにも五〇年代にはポーランドのアンジェイ・ワイダやスウェーデンのイングマール・ベルイマンなど新しい表現があちらこちらにある。つまり第二次世界大戦が終わって一〇年ほどたったあたりから、世界各地で撮影所を使わないロケ中心の新しい映画が、同時多発的に発生したと言えるだろう。

あるいは最近の濱口竜介《りゅうすけ》監督や三宅唱《みやけしょう》監督の作品を見て、私はN・Vを考える。つまり、ヌーヴェル・ヴァーグは一九五〇年代末にフランスで生まれたが、その精神を持つ映画は以前にも同時期にも現代にもあるのではないか、と考えるようになった。単数形の la nouvelle vague ではなく、複数形の les nouvelles vagues として捉える方が、映画史がわかりやすくなるのではないだろうか。大学の教室でN・Vやフランス映画を教えていると、どんどんその思いに駆られてくる。

本書では、まずはフランスのN・Vとは何なのかをきちんと押さえたうえで、同じ精神を持つ同時代の映画、さらに古今東西の映画にも触れていきたい。今、映画を撮ろうと考えている若者にも、単に映画を見るのが趣味の方にも実際に「役に立つ」ような、創作のマニュアル、鑑賞のガイドになるような、そんなわかりやすく便利な本になったらと思う。ひいてはN・Vの監督たちの精神的父親であった評論家、アンドレ・バザンの著作名のように、「映画とは何か」がなんとなくわかるような本になったら嬉《うれ》しい。

第一章
フランスのヌーヴェル・ヴァーグとは

『大人は判ってくれない』（フランソワ・トリュフォー監督、1959年）

写真：Everett Collection/アフロ

（1）命名と普及

たかだか一〇〇年と少しの映画の歴史にも、いくつもの流れや運動や流派がある。「表現主義」や「シュルレアリスム」など同時代の芸術運動と軌を一にするものが多いが、「ヌーヴェル・ヴァーグ」はもっと大きな枠から生まれた。このフランス語 nouvelle vague は、「新しい波」を意味する。英語ならニュー・ウェイヴ new wave で、特に芸術上の言葉ではない。

フランスにおける「ヌーヴェル・ヴァーグ」は「戦後の新世代」くらいの一般的な使い方から生まれた。映画のN・Vと結びつく形で最初に使われたのは週刊誌『レクスプレス』一九五七年一〇月三日号で、表紙に「新しい波（ラ・ヌーヴェル・ヴァーグ）がやってくる！」と冠詞付きで題されている。『レクスプレス』は五三年に創刊されたアメリカ風の週刊誌で、この号では一八歳から三〇歳までの八〇〇万人のフランス人男女を「ヌーヴェル・ヴァーグ」と定義し、この世代を対象にしたアンケートの結果を載せた。第二次世界大戦後一二年がたって顕著になった若者の新しい価値観、生活様式などを示すことで、新しい世代がやってきたことを示すものだった。これをまとめたジャーナリストのフランソワーズ・ジルーによって翌年『新しい波　青春の肖像』という題で単行本化された。この調査では映画はあまり扱われていないが、N・Vという言葉は急速にフランス国内に定着した。さらに『レクスプレス』誌は、五八年六月から年末まで表紙の雑誌名下にLe journal de la Nouvelle Vague「『新しい波』の雑誌」と付け加えた。雑誌を売るためのキャッチフレーズとして使われることで、この言葉はさらに広まった。

　映画の分野で使われたのは『シネマ58』誌（この雑誌は誌名の「シネマ」の後にその年をつけていた）の五八年二月号で、若い世代に対して映画のアンケートを行い、そこで大文字のLa Nouvelle Vagueという言葉を一度使っている。

『レクスプレス』1957年10月3日号表紙

　『レクスプレス』誌は一九五九年一月に劇場公開直前のクロード・シャブロルの『美しきセルジュ』を紹介し、その年の四月末からのカンヌ国際映画祭（以下、カンヌと表記）直前にはトリュフォーの一頁半のインタビューを載せた。カンヌの後には「『新しい波』の映画をパリのあちこちで見られる」と書いて、N・V自体の躍進を広めると同時に、この言葉の映画の分野での定着に貢献した。

一九五九年のカンヌは、この言葉がフランス内外に広がるのに決定的な役割を果たした。フランスからは三本が出た。マルセル・カミュの『黒いオルフェ』がパルムドール、フランソワ・トリュフォー『大人は判ってくれない』が監督賞、アラン・レネの『二十四時間の情事』はアメリカ政府の要請でコンペ外の上映となったが、国際批評家連盟賞を受賞した。『大人は判ってくれない』も『二十四時間の情事』も第一回長編で、トリュフォーは二七歳、レネは三六歳。これは前年に大統領になったド・ゴールが作った文化省の初代文化大臣に任命された、小説家のアンドレ・マルローの力が大きかった。彼は事前に三本を見て強く推した。

フランス映画の海外普及を任務とする「ユニフランス・フィルム」は、現在も日本を含む世界各地でフランス映画祭などを開催してフランス映画を売り込む政府機関である。この年のカンヌでは、映画祭に出品したトリュフォーを始めとしてゴダールやシャブロルなど若手監督一七名を、カンヌ近郊のラ・ナプールに集めてシンポジウムを主催し、内外の記者に公開している。その様子はトリュフォーが映画欄を担当していた週刊誌『アール』で詳細に論じられた。その後も『ル・モンド』紙や『フランス・オプセルヴァトゥール』誌などが、トリュフォーやゴダールたちをフランス映画の新世代として紹介した。[*1]

このような形でN・Vという言葉は、五七年の雑誌における戦後世代の呼称に始まって、メディアや映画祭を通じて一九五九年から翌年にかけてフランス映画の新しい動きを示す言葉として定着していき、フランス語のまま海外へも広がっていった。中でも五九年のカンヌが果たした役割は限りなく大きい。

(2) 始まり

N・Vの具体的な始まりはいつかという議論は、実は簡単ではない。戦前の先駆的な動きは後に語ることにして、戦後N・Vに連なるような自主制作かつ自由なスタイルの映画としてよく挙げられるのは、ジャン゠ピエール・メルヴィルの『海の沈黙』（一九四七年）とアニエス・ヴァルダの『ラ・ポワント・クールト』（一九五五年）である。長年パリ第三大学で映画学を教えており、私も教わったミシェル・マリが詳細に述べているように、この二本は「完全に業界の流通経路の枠外で製作された」[*2]。そればかりでなく、スターを使わずにロケで撮影している点など、N・Vとの多くの共通点を持っている。しかしこの二本はあくまで点であり、「波」にはならなかった。アラン・レネは、山田宏一のインタビューでこの二本を挙げながら、「そうした新しい映画をうけいれる新しい観客がいなかった。真の新しい映画が始まったのは、その意味では、シャブロルの『美しきセルジュ』からだと思いますね」[*3]と述べている。

確かにN・Vが世間に知られるのは五九年二月に公開された『美しきセルジュ』からだが、私は「N・Vの最初の作品」と言えるのは、N・Vのメンバーでもあったジャン・ドゥーシェも書く通り[*4]、ジャック・リヴェットの短編『王手飛車取り』（一九五六年）とするのが妥当ではないかと考える。プロデューサーはその後のN・Vの映画を数多く手がけたピエール・ブロンベルジェで[*5]、35ミリで撮られた。翌年、トリュフォーは短編『あこがれ』を作り、ゴダールはロメールの脚本で短編『男の子の名前はみんなパトリックというの』を撮る。

五八年、シャブロルはカンヌ期間中に自主的に上映した第一回長編『美しきセルジュ』が数カ国に売れ、ロカルノ国際映画祭（以下、ロカルノと表記）では監督賞を取って、次作『いとこ同志』をクランクインさせることができた。この年にゴダールは短編『シャルロットとジュール』をロメールの脚本で撮り、トリュフォーとの共同監督で『水の話』を作った。まさにみんなが協力し合って短編を作っていた。リヴェットは『パリはわれらのもの』をクランクイン。

そして決定的な五九年がやってくる。二月に『美しきセルジュ』、三月に『いとこ同志』が劇場公開されて話題になり、ヒットする。前者はその年のジャン・ヴィゴ賞、後者はベルリン国際映画祭（以下、ベルリンと表記）金熊賞を受賞。五月のカンヌで『大人は判ってくれない』と『二十四時間の情事』が受賞し、共に六月に公開してヒット。この夏にゴダールの『勝手にしやがれ』、ロメールの『獅子座』、ジャック・ドニオル＝ヴァルクローズの『唇《くち》によだれ』などがクランクイン。みな第一回長編である。六〇年には『勝手にしやがれ』や『唇によだれ』が公開されてヒット。

五六年に始まって六〇年まで、短編を作りながら評論を書く形でリヴェット、トリュフォー、シャブロル、ゴダール、ロメールというN・Vの中心人物たち五人が少しずつ映画界で存在感を増していき、五九年を頂点に長編を発表して話題になり、新しい世代として「ヌーヴェル・ヴァーグ」という呼称でまとめて呼ばれる大きな動きとなった。

(3) 中核グループの形成

多少とも映画に詳しい読者ならば、これまでの説明に不満かもしれない。アラン・レネなどの「左岸派」はそれ以前から撮っていたとか、ジャン・ルーシュのドキュメンタリーやロジェ・ヴァディムやルイ・マルはどうかとか。それらは後に詳しく説明することとして、ここではまずN・Vの中核となるメンバーは一九五六年までにどのようにして集まってグループとなったかについて説明したい。この項からは人物に生年を書く。これが重要だからだ。

ここでは、映画雑誌とシネクラブ(映画館以外の上映活動)とシネマテーク(映画アーカイブ)が大きなキーワードとなる。この三つの実践の中で若いメンバーが出会い、集まってゆく。まず雑誌としては『ラ・ルヴュ・デュ・シネマ』がある。これはジャン=ジョルジュ・オリオール（一九〇七年生まれ）が一九二八年から三二年まで出していた雑誌で、一九四六年にガリマール社から復刊されて、オリオール編集長のもと、アンドレ・バザン（一九一八年生まれ）、ジャック・ドニオル＝ヴァルクローズ（一九二〇年生まれ）、ジョゼフ＝マリー・ロ・デュカ（一九一〇年生まれ）が参加する。この雑誌は四九年まで続き、オリオールは翌年に亡くなった。『レクラン・フランセ』は、一九四三年に地下出版で始まって監督のジャン・グレミヨン（一九〇一年生まれ）やジャック・ベッケル（一九〇六年生まれ）も参加した。戦後はアンドレ・バザンや映画史家のジョルジュ・サドゥールなどが書く知性派の映画雑誌として知られ、五二年に廃刊となった。

一方で戦前から盛んだったシネクラブ運動は、四六年にフランス・シネクラブ連盟ができて、フランス各地に広がった。アンドレ・バザンはそのようなシネクラブで講演し、映画雑誌に文章を寄せた。エリック・ロメール（一九二〇年生まれ）は、四七年にパリで「シネクラブ・デュ・カルチエ・ラタン」を始め、そこでジャン＝リュック・ゴダール（一九三〇年生まれ）やジャック・リヴェット（一九二八年生まれ）と出会う。フランソワ・トリュフォー（一九三二年生まれ）は四八年、一六歳でパリに「映画マニアサークル」というシネクラブを作った。

それらを束ねる形で、バザン、ドニオル＝ヴァルクローズ、ピエール・カスト（一九二〇年生まれ）、ジャン＝シャルル・タケラ（一九二五年生まれ）がジャン・コクトーを会長にして四八年末にシネクラブ「オブジェクティフ49」を作り、四九年七～八月にスペインに近い保養地ビアリッツで「呪われた映画祭」を開催した。これは明らかにカンヌに対抗して生まれた映画祭で、ジャン・ヴィゴの『新学期　操行ゼロ』（一九三三年）など、三〇年代から四〇年代の一般的評価は低いが映画好きには評価される作品が並んだ。そこにはトリュフォー、ゴダール、リヴェットなどが参加した。この場所でバザン、アレクサンドル・アストリュック（一九二三年生まれ）、ロメールら二〇年前後の生まれとゴダールら三〇年前後生まれの「将来のヌーヴェル・ヴァーグの二世代が結合」した。「結合というより収斂、あるいは衝突か」と自らも参加したN・V世代の評論家、ジャン・ドゥーシェは書く。[*6]

五〇年五月、ロメール（筆名は本名のモーリス・シェレール）、ゴダール（筆名はハンス・ルカ）、リヴェットは『ラ・ガゼット・デュ・シネマ』を創刊するが一一月に廃刊。『ラ・ルヴュ・デュ・シネマ』の廃刊後、バザンら三人にレオニード・ケジェル（一九〇四年生まれ）が加わって、一九五一年四月に『カイエ・デュ・シネマ』（以下、『カイエ』と表記）を創刊した。ここにロメール、ゴダール、リヴェット、トリュフォーらが加わってN・Vの拠点となった。

N・Vの形成におけるもう一つの重要な舞台がシネマテーク・フランセーズであった。これはアンリ・ラングロワ（一九一四年生まれ）とジョルジュ・フランジュ（一九一二年生まれ）が一九三五年に作ったシネクラブ「映画サークル」から翌年できた、映画を保存し上映する組織である。三八年には国際映画アーカイブ連盟の初代構成団体になり、後に国からの助成金も出るようになった。四八年には八区のメシーヌ通りに映画博物館と同時に六〇席の映写ホールが作られ、毎日古今東西の映画が上映された。将来のN・Vのメンバーはシネクラブと同時にここに通った。五五年には五区ウルム通りに移り、二六〇席になった。

N・Vの監督たちの大きな特徴の一つは助監督を経ずに監督になったことだが、その代わりにシネクラブやシネマテーク・フランセーズで大量の映画を日替わりで見た。そして当時フランスで主流とされた映画に不満を持ちながら、映画の理想を探し続けた。そしてその「映画愛」を映画雑誌で文章にすることで、自らの映画観を形成していった。

彼らはフランス語でしばしば「青年トルコ人」と呼ばれることがある。これはその過激な活動ぶりを、一九世紀末から二〇世紀初頭のトルコでオスマン帝国末期の専制政治を打破するために活躍した若者たちになぞらえた言い方である。五〇年から五八年までの間に『カイエ』執筆陣の評論家だけで、約三〇本の短編を作った。それらは次に述べるアラン・レネやクリス・マルケルなどのようなドキュメンタリーではなく、あくまで劇映画のパイロット版としての短編だった。

(4) そのほかのヌーヴェル・ヴァーグ

ロメール、ドニオル＝ヴァルクローズ、カスト、ゴダール、トリュフォー、リヴェット、シャブロルのように『カイエ』で映画評を書き始めた「カイエ派」と呼ばれるメンバー以外にも、N・Vに分類される監督は多い。

「左岸派」と呼ばれたのはアラン・レネ（一九二二年生まれ）、クリス・マルケル（一九二一年生まれ）、アニエス・ヴァルダ（一九二八年生まれ）などで、彼らは主にドキュメンタリーを作ることから映画に近づいた。ヌーヴォー・ロマンなどの文学者や左派のインテリたちとも近かったので彼らが集うセーヌ左岸から「左岸派」と呼ばれ、ヴァルダのように左岸に住む者も多かった。また左岸派には助監督経験者もいる。

アラン・レネは国立高等映画学院（以下、IDHEC《イデック》と表記）に入学し（N・Vではレネ以外に後に述べるジャック・ロジエとルイ・マルも）、ドキュメンタリーの撮影や助監督を経て一九四八年に短編『ヴァン・ゴッホ』が話題になった。五八年には日仏合作の初長編でかつ劇映画『二十四時間の情事』を日本で撮った。

クリス・マルケルは作家、評論家として活動した後に、オリンピック委員会の委嘱によるヘルシンキ・オリンピックの長編ドキュメンタリー『オリンピア52』（一九五二年、未）で監督デビュー。二本のドキュメンタリー『北京の日曜日』（一九五六年）と『シベリアからの手紙』（一九五七年）は『カイエ・デュ・シネマ』の批評家たちの注目を集めた。

アニエス・ヴァルダは写真家として活動を始め、国立民衆劇場の専属カメラマンとなった。その劇場の俳優、フィリップ・ノワレとシルヴィア・モンフォールを起用した最初の映画がN・Vの先駆と言われる『ラ・ポワント・クールト』である。この作品はレネが編集を担当している。その後『5時から7時までのクレオ』(一九六二年)を撮り、N・Vの主要監督として認められた。

一九六二年にヴァルダと結婚するジャック・ドゥミ(一九三一年生まれ)は、五〇年代にはアニメーション監督のポール・グリモーやドキュメンタリー監督のジョルジュ・ルキエの助監督をしながら『グレヴァン蠟美術館』(一九五八年)など短編を数本作り、一九六一年に初長編『ローラ』を作った。

「左岸派」とは少し違う位相にいたのがジャン・ルーシュ(一九一七年生まれ)で、人類学を学び、アフリカの調査をしていた。彼はアフリカの人々や風俗を映像に収め始め、ビアリッツの「呪われた映画祭」で『憑依舞踏へのイニシエーション』(一九四九年)がグランプリを取った。長編『私は黒人』(一九五八年)は『カイエ・デュ・シネマ』に評価され、社会学者エドガール・モランと共同監督した『ある夏の記録』(一九六一年)は、「シネマ・ヴェリテ」の代表作とされる。

さらにアストリュック、ジャック・ロジエ(一九二六年生まれ)、ジャン＝ピエール・モッキー（一九三三年生まれ）、ジャック・バラティエ（一九一八年生まれ）などがN・Vに近い存在である。アストリュックは後に述べる「カメラ万年筆」論でN・Vに大きな影響を与えたし、「呪われた映画祭」にも参加している。中編『恋ざんげ』（一九五二年）はN・Vの先駆的映画だとされる。

ジャック・ロジエはIDHECの後、テレビの助監督で貯《た》めたお金で短編『新学期』（一九五五年）と『ブルー・ジーンズ』（一九五八年）を作った。最初の長編は『アデュー・フィリピーヌ』（一九六二年）。モッキーは俳優としてフランスやイタリアで活躍。最初の監督作品は『今晩おひま？』（一九五九年）である。バラティエの最初の長編は一九五八年の『ゴハ』（未）。

また従来の映画産業で働いた経験を持ちながら、N・Vの監督に分類されることもあるのが、ロジェ・ヴァディム（一九二八年生まれ）とルイ・マル（一九三二年生まれ）である。ヴァディムは戦前から活躍するマルク・アレグレの下で働いた後に、すでに女優として活躍していた妻ブリジット・バルドーを主演にした第一回長編『素直な悪女』（一九五六年）で妻と共に一躍有名になった。

マルはIDHECに入学後短編を作り、イヴ・クストーのドキュメンタリー『沈黙の世界』（一九五六年）を共同監督し、ロベール・ブレッソン（一九〇一年生まれ）の『抵抗』（一九五六年）

の撮影を手伝った。『抵抗』のプロデューサー、ジャン・チュイリレの製作で監督した最初の長編『死刑台のエレベーター』（一九五七年）は、『素直な悪女』と同様に『カイエ・デュ・シネマ』の評論家から評価された。

同世代で助監督から監督になったエドゥアール・モリナロ（一九二八年生まれ）、クロード・ソーテ（一九二四年生まれ）、フィリップ・ド・ブロカ（一九三三年生まれ）などもN・Vに加えることがある。ド・ブロカはシャブロルやトリュフォーの助監督を経てシャブロル製作の『恋の戯れ』（一九六〇年）で監督デビューした。

（5）経済的条件

N・Vを文化史的に分析したアントワーヌ・ド・ベックは「ヌーヴェル・ヴァーグとは、まず経済的な事件である。彼らに共通する特徴は、若さや無経験以上に初期作品が製作された例外的な諸条件にある」[*7]と述べる。まず、従来の映画製作がスタッフやキャストと労働組合に沿った契約を結んでいたのに比べて、N・Vの監督たちはすべてを仲間内ですませた。その結果一本の製作費は従来の平均の五分の一から十分の一になった。

そのうえ、彼らは自らの映画会社を作った。シャブロルとトリュフォーは五〇年代後半に製作会社を持った。シャブロルは妻の祖母の遺産をもとに「アジム・フィルム」（AJYM・妻と子供のイニシャル）を作り、ジャック・リヴェットの短編『王手飛車取り』のシナリオを共同で書き、製作した。それから自らが監督する長編『いとこ同志』の製作を始めた。トリュフォーはフランス最大の配給会社、コシノール社の社長の娘、マドレーヌと結婚を決め、未来の義父の資金で「フィルム・デュ・キャロッス」を作った。そして短編『あこがれ』に続き、初長編『大人は判ってくれない』を製作・監督することができた。ヴァルダは「シネ・タマリス」、ロメールは「フィルム・デュ・ロザンジュ」、ゴダールは「アヌーシュカ・フィルム」と自らの製作会社を作っている。このように若い監督が自ら製作会社を作ることは、フランス映画界ではこれまでになかった現象である。

さらにこの時期に国立映画センター（以下、CNCと表記）の製作助成金が選択的助成を始め、特に若手の映画にお金を出し始めたのも大きかった。CNCは一九四八年から外国映画を含む入場料収入の一部を徴収し、フランス映画の製作に自動的に助成金を出し始めた。一九五五年からは質の高い映画に追加でお金を出すことになり、五七年にN・Vの映画として初めてシャブロルの『美しきセルジュ』が三五〇〇万旧フランの助成金を得て、それを元に『いとこ同志』が製作されて以来、初期N・Vの映画はほとんどがこのシステムの恩恵を受けた。特に一九五九年に文化省が創設されてマルローが初代大臣になってからは、映画が通商産業省から文化省の管轄になってこの傾向は強まった。つまり、N・Vの若手監督たちが長編を作り始めたとき、ちょうど政治的な風も吹いてきたのである。マルローに至ってはカンヌのフランス代表のセレクションにも口を出して『大人は判ってくれない』を強く推したわけだから、まさに幸運というほかはない。

このような状況の中で三人のプロデューサーが、N・Vの監督たちを支えた。ピエール・ブロンベルジェ（一九〇五年生まれ）は、戦前は後にN・Vの監督たちが崇拝するジャン・ルノワールの『カトリーヌ』（一九二四年）や『女優ナナ』（一九二六年）、『牝犬』（一九三一年）などの初期作品を製作した。戦後は「パンテオン映画」や「プレイヤード映画」などの会社名でN・Vの先駆的作品であるメルヴィル『海の沈黙』の完成後の配給を引き受け、N・Vの監督の短編や長編を製作した。まず短編ではジャン・ルーシュの『水の息子』（一九五五年）、アラン・レネの『ヴァン・ゴッホ』、『ゲルニカ』（一九五〇年）、『世界のすべての記憶』（一九五六年）、『スチレンの詩』（一九五八年）、リヴェットの『王手飛車取り』、ヴァルダの『おお季節よ、お城よ』（一九五七年）、ドニオル＝ヴァルクローズの『過労の人々』（一九五八年、未）、ゴダールの『男の子の名前はみんなパトリックというの』と『シャルロットとジュール』、ゴダールとトリュフォーの共同監督『水の話』（一九五八年）などであり、中編にはルーシュ『狂気の主人公たち』（一九五四年）がある。長編ではルーシュ『私は黒人』と『人間ピラミッド』（一九六一年）、ドニオル＝ヴァルクローズの『唇によだれ』（一九六〇年）と『密告』（一九六二年）、トリュフォーの二本目『ピアニストを撃て』（一九六〇年）、ゴダールの『女と男のいる舗道』（一九六二年）、マルケルの『キューバ・シー！』（一九六一年）などが続く。

ポーランド出身のアナトール・ドーマン（一九二五年生まれ）は、「アルゴス・フィルム」を設立し、アストリュックの中編『恋ざんげ』、レネの中編『夜と霧』（一九五五年）、マルケルの短編『北京の日曜日』、中編『ラ・ジュテ』（一九六二年）、長編『シベリアからの手紙』などを製作した。さらにレネの日本との合作『二十四時間の情事』、ルーシュとモランの共同監督『ある夏の記録』は大きな話題となった。その後もレネの『去年マリエンバートで』（一九六一年）と『ミュリエル』（一九六二年）、ゴダールの『男性・女性』と『彼女について私が知っている二、三の事柄』（共に一九六六年）、ロベール・ブレッソンの『バルタザールどこへ行く』（一九六六年）『少女ムシェット』（一九六七年）などを製作した。彼は日本との合作で、大島渚《なぎさ》の『愛のコリーダ』（一九七六年）や『愛の亡霊』（一九七八年）、寺山修司の『上海異人娼館』（一九八一年）なども製作している。

ジョルジュ・ド・ボールガール（一九二〇年生まれ）は『勝手にしやがれ』を始めとするゴダール作品で知られる。もともとスペインとの合作でファン・アントニオ・バルデムの『恐怖の逢びき』（一九五五年）と『大通り』（一九五六年）でCNCの選択的助成金を得て、そのお金を『勝手にしやがれ』につぎ込んだ。ゴダールは『小さな兵隊』（一九六〇年製作、公開は六三年）、

『女は女である』（一九六一年）、『カラビニエ』『軽蔑』（共に一九六三年）、『気狂いピエロ』（一九六五年）、『メイド・イン・USA』（一九六六年）を手がけた。

さらにドゥミの『ローラ』、メルヴィルの『モラン神父』（一九六一年）、『いぬ』（一九六二年）、ロジエの『アデュー・フィリピーヌ』、シャブロルの『悪意の眼』（一九六二年）、ヴァルダの『5時から7時までのクレオ』、ロメールの『コレクションする女』（一九六七年）、リヴェットの『修道女』（一九六七年）、『狂気の愛』（一九六九年）と続く。

結果として『大人は判ってくれない』は四五万人、『いとこ同志』は四一万六〇〇〇人、『勝手にしやがれ』は三八万人、『二十四時間の情事』は三四万二〇〇〇人を動員した。少なくとも一九五九年から六〇年のN・Vの映画は興行的にも成功した。

N・Vの監督たちは、世界映画史的に見ても類いまれな運のいい経済的製作条件にあった。身内のお金を使うなどして各自が自分自身の製作会社を作り、ちょうどできた政府の若手向けの製作助成金を使うことができた。さらに彼らの自由なスタイルの制作を支えるプロデューサーが三人もいた。五九年から三年間の間に長編デビューした監督は一四九人に及んだ。[*8]

（6）技術的変容

三人のプロデューサーに加えて、N・Vを支えた二人の報道カメラマン出身の撮影監督にも触れる必要があるだろう。アンリ・ドゥカ（一九一五年生まれ）は第二次世界大戦中に空軍の報道カメラマンだったが、N・Vの先駆と言われるジャン＝ピエール・メルヴィル（一九一七年生まれ）の『海の沈黙』の撮影に途中から加わり、自然光を中心とした撮影と編集を手がけた。この撮影は将来のN・Vの監督たちを刺激し、ルイ・マルは『死刑台のエレベーター』、シャブロルは『美しきセルジュ』『いとこ同志』、トリュフォーは『大人は判ってくれない』の撮影にドゥカを指名した。

ラウール・クタール（一九二四年生まれ）は大戦後インドシナの戦地で報道カメラマンとして活躍しており、困難な状況下で撮影することに精通していた。彼をゴダールに紹介したのはプロデューサーのボールガールで、クタールは『勝手にしやがれ』で写真用の高感度フィルムを使用した。[*9] 短い時間で臨機応変に撮影し、手持ちカメラを駆使し、車椅子や三輪の手押し車にカメラを載せて撮影するなどゴダールの美学の一端を担った。

ゴダールがクタールと六〇年代のほとんどの作品で組んだほか、ドゥミの『ローラ』やトリュフォーの『ピアニストを撃て』『突然炎のごとく』、ルーシュとモランの『ある夏の記録』など多くのN・Vの監督がクタールと組んだ。

N・Vの代表的プロデューサーのピエール・ブロンベルジェは、「もし、この感度のいいフィルムが、撮影所外でのほとんど照明を使わない撮影を可能にしなければ、ヌーヴェル・ヴァーグは生まれずじまいだったろう」と述べる。[*10] N・Vの誕生には、経済的な条件のみならず写真の技術的な発展も大きく貢献していた。

第二章
一九五九年までの道のり

1959年、カンヌ国際映画祭に集結したN・Vの主要メンバー。前列左端がトリュフォー、最後列左端からシャブロル、ジャック・ドニオル＝ヴァルクローズ、ゴダール、ジャック・ロジエ。

写真：Mary Evans Picture Library/アフロ

(1)「カメラ万年筆」論

ここではN・Vが開花する一九五九年までの流れを理論的側面と習作の制作から見てゆく。N・Vの若者たちがシネクラブ活動を始めていた一九四八年、すでに評論家や小説家として活躍していた二四歳のアレクサンドル・アストリュックは、バザンなどが寄稿していた『レクラン・フランセ』一四四号(三月三〇日)に「新しいアヴァンギャルドの誕生——カメラ万年筆」を発表した。これは今の若者にも刺激を与えそうなくらい新鮮な文章だが、その後の映画監督像を明確に打ち出している。

映画は、まずは縁日の呼び物《アトラクション》であり、次いでブールヴァール演劇にも似た娯楽、あるいは時代のイメージを保存する手段だったが、その後、徐々にひとつの言語となる。すなわち、ひとりの芸術家が、そのなかで、それによって、どんなに抽象的であろうと自分の思想を表現し、あるいは今日エッセーや小説がまさにそうであるように、自分の妄執を言い表すことができる、そういうひとつの形式となる。だからこそ、私はこの映画の新時代を〈カメラ万年筆〉の時代と呼ぶ。[*1]

つまり今後の映画は娯楽から抜け出して、個人が思想を表現し物語を語るものとなるということだ。「カメラ万年筆」とは撮影カメラが万年筆のように自己表現の道具となる意味だ。カメラ付きのスマホが筆記用具としてSNSなどでのさまざまな表現に使われる現代を予言したようにも読めるが、アストリュックは映画がそう変わることを提案した。「すでに今日でも、デカルトのような人物は一六ミリ・カメラとフィルムロールを持って部屋に閉じこもり、『方法叙説』をフィルムで書くだろう[*2]」と述べているのは、これからは哲学が映画で表現できるという宣言である。

さらに「脚本家はもう存在しなくなる。そのような映画においては、作者［auteur］と監督の区別はもはや意味を持たなくなるからだ。演出とは、もはやシーンを図解したり提示したりする手段ではなく、正真正銘の書く行為《エクリチュール》なのだ[*3]」。ここでは監督が小説家のような作家《オートウール》であることが提示されている。

この考え方は、一〇年もたたないうちにN・Vの監督たちが撮影所を使わずにロケで友人たちと即興で映画を作り出す姿を見事に予言している。アストリュックは前章で述べた「オブジェクティフ49」の発足メンバーとなり、「呪われた映画祭」に参加し『カイエ・デュ・シネマ』誌に創刊号から執筆することで、N・Vの面々と直接交流を結んだ。

アストリュック自身もN・Vより前から映画を撮り始める。中編『恋ざんげ』は二〇歳の士官の恋愛を主人公の語りだけで見せる斬新な作り。長編『女の一生』（一九五八年）には台詞《せりふ》はあるが、これも主人公のナレーションが滔々《とうとう》と流れる。このあたりはトリュフォーを始めとして初期N・Vの映画を思わせる。しかしアストリュックが監督した作品は、撮影も編集もN・Vに比べるとかなりオーソドックスである。

N・Vの監督で、彼が想定した哲学をも映画で語りうる存在になったのはゴダールただ一人かもしれない。いずれにせよ、監督が脚本も書き、作家として個人で活動するという形は、それまでの映画作りに対峙《たいじ》する新たな監督像を提示した。実際にはN・Vの監督たちの多くはシャブロルがポール・ジェゴフと、トリュフォーを始めとしてリヴェット、レネが複数の作品でジャン・グリュオーと組んだように、特定の脚本家と共同で脚本を書く場合が多かったが。ともあれ、個人で簡単に動画が撮影できるスマホ万能の現代を考えると、「カメラ万年筆」論は古びることはない。

(2) アンドレ・バザン

N・Vの監督たちに最も大きな理論的影響を与えたのは批評家のアンドレ・バザンである。アストリュックの「カメラ万年筆」という考えも、起源はバザンの文章にあるという。[*4] 彼は戦後、「労働と文化」「民衆と文化」などの団体で上映と講演を企画し、『レクラン・フランセ』

や『パリジャン・リベレ』などに映画批評を書き、「オブジェクティフ49」に参加して一九五一年に『カイエ・デュ・シネマ』誌創刊の中心となった。とりわけトリュフォーに関しては、彼が少年鑑別所にいたときに身元保証人となり、さらに志願入隊をした軍隊から脱走して投獄されたときに除隊の手助けをして、まさに「父親代わり」となった。[*5]

アンドレ・バザンの映画批評の特徴は、簡単に言えば「存在論的リアリズム」の擁護である。彼の映画論は邦訳の『映画とは何か』[*6]を読めばわかる。バザンは「写真映像の存在論」で、写真の独自性は「人間の創造的介在なしに」[*7]自動的に生み出されたことからくる客観性にあると説いた。

この写真の特質を生かすために、ジャン・ルノワールやオーソン・ウェルズの映画で見られるワンシーン＝ワンショットや移動撮影の多用、奥行きの深い画面によって現実の全体像を描くことを評価した。あるいはサイレントでも、エリッヒ・フォン・シュトロハイムやF・W・ムルナウ、ロバート・フラハティのようなモンタージュに頼らない監督を評価した。

バザンは戦後イタリアに現れたロベルト・ロッセリーニ、ヴィットリオ・デ・シーカ、ルキノ・ヴィスコンティといったネオレアリズモの監督を持ちあげた。素人を中心に起用してプロの俳優も加える「混合体」に即興で演技をさせ、野外を中心としたロケ撮影によって可能な限り現実を表現したからである。「イタリア映画はルポルタージュのような調子を獲得し、書かれた物語よりも語られた物語に近い自然さ、油絵よりもクロッキーに近い自然さを得ているのだ[*8]」。バザンが評価した監督たちは、評論家時代のN・Vの面々に引き継がれる。

またバザンは「不純な映画」として小説、演劇、絵画などと混じり合った映画も認めた。異なる芸術間で「等価」な表現を見出《みいだ》すことは容易ではないが、そのような広がりが映画を豊かにしてゆくと考えた。角井誠が書くように「バザン以後、とりわけデジタル化を経て、映画のありようはますます『不純な』ものとなりつつある。だからこそバザンはアクチュアルであり続ける[*9]」

バザンの映画の見方や彼が擁護する監督や作品は、N・Vの監督たちに大きく影響を与えた。「不純な映画」という言葉がそうだが、バザンの思想はN・Vの監督たちの若者らしい性急な発想を超えた普遍性を持つ。

(3) トリュフォーの問題論文

フランソワ・トリュフォーの存在が最初に世の中に知られたのは、彼が二一歳で『カイエ・デュ・シネマ』誌の一九五四年一月号に書いた「フランス映画のある種の傾向」という論文である。これを訳した山田宏一は書く。

古き良き時代のフランス映画の傾向を代表する「良質の伝統」の全否定と「ヌーヴェル・ヴァーグ」の基本的なセオリーとなる「作家主義」の最初の主張（「作家《オートゥール》」の最初の定義と擁護顕揚）によって、「ヌーヴェル・ヴァーグ」を準備する革命前夜の予感にみちた過激な論文であった。と同時に、当然ながら、反対派つまり「伝統」派からは、トリュフォーは「フランス映画の墓掘り人」とののしられることになるのである。[*10]

この論文が話題になったのは、まず活躍中の監督や脚本家の実名を次々と挙げて、「心理的リアリズム」の名のもとに「脚本家の映画」を作っていると批判したことである。その対象となった監督は、クロード・オータン゠ララ、ジャン・ドラノワ、ルネ・クレマン、イヴ・アレグレなどで、脚本家は彼らと組んだジャン・オーランシュとピエール・ボストのコンビが中心だ。特にオーランシュ゠ボストは、原作の精神を取り違えて観客の好む伝統的な価値観の世界に変えてしまうと書き、具体的な作品を挙げる。そして「映画監督など単に彼らのテクストを画《え》にする職人にすぎない」「おどろくべきことは、現在『大』監督、『大』脚本家とみなされている人たちがじつは長いあいだ取るに足らぬ小品をつくっていた」ことだとしている。

その一方でそのような流れと一線を画す監督がフランスにもいることを明記している。ジャン・ルノワール、ロベール・ブレッソン、ジャック・ベッケル、アベル・ガンス、マックス・

オフュルス、ジャック・タチ、ロジェ・レーナルトの名前を挙げて「最も多くの場合、みずから脚本を書き、台詞を書き、そして演出もする作家《オートゥール》たちである」と言う。

この論文は若さもあってずいぶん過激に見えるが、実は一年ほど前にアンドレ・バザンの手に渡り、個人攻撃を減らすようアドバイスを受けて書き直したものであることがわかっている。さらに編集長のドニオル＝ヴァルクローズは同じ号でトリュフォーの文章が部内一致の結果ではないことを書き、次号でバザンはオーランシュ＝ボストを一部評価する文章を書いている。[*11]

この文章に対して読者から編集部に抗議もあったが、トリュフォー自身にはほかの雑誌から多くの原稿依頼が舞い込んだ。一番大きいのは大判の週刊誌『アール』からの依頼で、彼はその映画欄を任せられて五年間仲間と分担しながら書き続けた。

(4) 作家主義

「フランス映画のある種の傾向」で見られるように、これまで評価の高かった監督の多くを否定し、自分たちが本当に評価する監督を擁護する立場は、その後「作家主義」として定着してゆく。これはすでにアストリュックも、ジャン・ルノワールやロベール・ブレッソン、オーソン・ウェルズの新しい映画が批評家に黙殺されていると書いていることと呼応している。アストリュックやバザンが中心になって将来のN・Vのメンバーが集まった「呪われた映画祭」自体が、まさにそのような催しだった。すでに述べたようにアストリュックは「作家」という言葉を監督に用いた。

トリュフォーが「作家主義」という言葉を文章の題名につけたのは一九五五年二月に『カイエ・デュ・シネマ』に書いた「アリババと『作家主義』」だ。ここで彼はジャック・ベッケルの作品について「たとえ『アラブの盗賊』が失敗作であったとしても、わたしは、作家主義の名においてこの映画を擁護[*12]」すると書き、シナリオの問題点を挙げつつもこの映画を支持している。簡単に言えば、自分たちが支持する監督であれば、たとえ駄作でも評価するという立場である。

バザンは一九五七年四月の『カイエ』に寄せた「作家主義について」においては、その行き過ぎを咎《とが》めている。まず最高の小説家においても出来不出来はあるとし、映画のように新しい芸術は短期間に技術的進化を遂げたため、「天才が十倍も早く燃え尽き、揺るがぬ能力を備えた作家でさえ時代の波に取り残される[*13]」としている。さらに映画は「技術スタッフの協力」が必要で「製作上の制約」や「ジャンル映画の伝統」など監督のコントロールが難しい側面が多いとし、「美学的な個人崇拝の危険」を説く。

映画を監督の名前で見るのは正しいのか、天才的な監督の失敗作をどう考えるのかは今日でもよくある問題だが、N・Vの「作家主義」を考えるうえでは、フランス語の la politique des auteurs の意味を考えるべきだ。la politique は単なる「主義」ではなく、政策、政略の意味があり、主義よりも強い。「作家政策」と訳する場合もある。つまりこれまで評価の低かった監督を「作家」として持ちあげる、一つの意識的な政略、戦略なのである。

その典型的な例が、N・Vの若者たちがアメリカの職人監督と考えられていたハワード・ホークスやアルフレッド・ヒッチコックを「作家」として評価し、『カイエ』で特集を組んだことである。バザンはそれを皮肉と共に「ヒッチコック＝ホークス主義」と呼んだが、[*14] 今日ではヒッチコックやホークスは巨匠として認知されている。フランスの監督でもジャック・ベッケルやマックス・オフュルスなど彼らが擁護しなければ評価されるのにもっと時間がかかったような監督は多い。いわば「ヌーヴェル・ヴァーグ映画史観」というものが、それまでの映画史を大きく変えたのは間違いない。

今日では、「作家主義」というより「監督第一主義」は映画好きが最初に陥る段階である。個々の作品の感想を語る段階から「監督」というラベルで見るようになる。しかしその先は俳優や脚本家や撮影監督や美術などを考慮し、さらにはプロデューサーにも目を向けるようになる。とはいえ、今から五〇年以上前のフランスの、保守的な作りの映画が主流だった時代には「作家主義」は大きな意味を持ったし、その精神は今でも有効だろう。現在気をつけないといけないのは、むしろいまだに「ヌーヴェル・ヴァーグ映画史観」にとらわれ過ぎることかもしれない。

N・Vの代表的プロデューサーだったピエール・ブロンベルジェは言った。「三〇人ほどの例外的巨匠（ルノワール、ブニュエル、黒澤、ヒューストン、チャップリン、フォード、フェリーニ、ヴィスコンティ、ベルイマン、ゴダールなど）を除いて、映画監督の創作生命が一〇年を超えることはまずない[*15]」。私は個人的にこの言葉は正しい気がする。

（5）「カイエ派」の初期短編

N・Vの監督たちが亡くなった今、それぞれの監督の生涯の作品を比べると、本当に同じグループにいたのかと思うほど異なっている。しかし彼らが最初に手がけた短編はかなり似通っている。おおむね、N・Vの友人か同じ若手俳優がパリのアパートや街角を舞台に繰り広げるたわいない恋愛物語であり、ナレーションや独白を多用する。彼らは助監督経験もなく、かつゴダールを除くとドキュメンタリーではなく最初からフィクションとして短編を作った。

N・Vの映画はジャック・リヴェット監督の短編『王手飛車取り』に始まると書いたが、これはシャブロルの製作でプロデューサーのブロンベルジェも加わった作品だ。脚本がリヴェット、シャブロル、シャルル・ビッチ（N・Vの一派で後に監督）、撮影はビッチで撮影助手はロベール・ラシュネー（トリュフォーの友人）。その後N・Vの映画に数多く出演するジャン＝クロード・ブリアリと『カイエ・デュ・シネマ』創始者の一人、ジャック・ドニオル＝ヴァルクローズが出演する若い夫婦のダブル不倫の話で完成度が高い。シャブロルのアパルトマンで撮影され、パーティのシーンでゴダール、トリュフォー、シャブロルも登場する。

リヴェットはそれ以前に自主制作で三本の16ミリサイレント短編を作っており、二〇一六年の死後公表された。『オー・カトル・コワン』（一九四九年）、『ル・カドリーユ』（一九五〇年）、『ル・ディヴェルティスマン』（一九五二年）でいずれも複数のカップルが織りなす恋愛の戯れだ。『ル・カドリーユ』にはゴダールが、『ル・ディヴェルティスマン』にはジャン・ドゥーシェが女性にもてる男性役で出演している。どれもどこか謎めいているのは、その後のリヴェット作品を思わせる。

エリック・ロメールの短編『紹介、またはシャルロットとステーキ』（一九五一年、当時はサイレント）にはゴダールが出演している。ゴダールは六年後に続編としてブロンベルジェの製作、ロメールの脚本で『男の子の名前はみんなパトリックというの』（別タイトルは『シャルロットとヴェロニク』）を監督し、ジャン＝クロード・ブリアリが、同居する二人の女（ニコル・ベルジェとアンヌ・コレット）を同時に誘惑する役を演じた。

翌五八年にはロメールはニコル・ベルジェを主演にシャブロルの製作で『ヴェロニクと怠惰な生徒』を、さらに同年にゴダールがブロンベルジェ製作、ジャン＝ポール・ベルモンドとアンヌ・コレット主演で『シャルロットとジュール』を作った。物語は別々だが、役名や俳優やプロデューサーがしりとりのようにつながっており、ブリアリはシャブロルの『美しきセルジュ』、ベルモンドはゴダールの『勝手にしやがれ』を始めとしてN・Vの初期長編数本で主役を演じる。『シャルロットとジュール』ではベルモンドが戻ってきた彼女に機関銃のように語りかけるが、その声はゴダールが吹き替えている。最初の長編『勝手にしやがれ』を思わせるような女を前にした自分勝手な男の語りだが、スイス訛《なま》りのゴダールのだみ声によって非現実的な妄想のように見える。

ゴダールは「カイエ派」の中で唯一ドキュメンタリーを手がけている。最初の短編『コンクリート作業』(一九五四年)だが、スイスのダム建設場で働いていたときにその現場を撮ったものである。その後トリュフォーとの共同監督『水の話』を撮る。ブロンベルジェ製作で、洪水のときに郊外から車でパリに行こうとする娘の話だ。恋人役にブリアリを起用してトリュフォーが当初監督したものに、ゴダールがアンヌ・コレットと自分でナレーションを加えて仕上げた。

ロメールは自ら主演とナレーションを務める短編『ベレニス』(一九五四年)と中編『クロイツェル・ソナタ』(一九五六年)を残している。どちらも三〇代半ばのロメール演じる主人公が二〇歳前後の娘と結婚して不幸な結果に終わる内容だ。台詞はなく、すべてをロメールのナレーションで進める異質の映画だが、恋愛に苦悩する孤独な男性像はその後のロメール映画に引き継がれる。『クロイツェル・ソナタ』はゴダールの製作で、彼がロメール演じる友人の建築家を映画雑誌の編集部（実際の『カイエ』編集部）に案内する場面があり、そこにはトリュフォー、シャブロル、ブリアリ、ビッチのほか、バザンまで登場する。

一方、トリュフォーは未来の義父の援助もあって一九五七年に製作会社「フィルム・デュ・キャロッス」を作り、ジュリアン・デュヴィヴィエの『殺意の瞬間』（一九五六年）で注目した新人のジェラール・ブランを起用し、その妻のベルナデット・ラフォンを恋人役に35ミリの短編『あこがれ』を監督した。この作品は地元の少年たちの悪戯《いたずら》を生き生きと描いている点、ジェラール・ブランとベルナデット・ラフォンが演じる若い恋人たちの唐突な悲劇を最後に持ってきた点、少年の一人があとから振り返る形のナレーションで進む点などその後のトリュフォーの長編の数々を思わせる。若いカップルのブランとラフォンが見に行く映画はリヴェットの『王手飛車取り』。彼らはシャブロルの『美しきセルジュ』に出演し、ブランは『いとこ同志』でブリアリと共演したほか、N・Vの初期長編に数本出演した。

ドニオル＝ヴァルクローズはブロンベルジェの製作で三本の短編を残している。アラン・レネ編集の『主人の目』（一九五七年、未）、『過労の人々』、『こんにちは、ラ・ブルイエールさん』（一九五八年、未）と続く。『過労の人々』は、地方から出てきた若い娘がパリの多忙な生活に驚きながらも適応してゆくさまをコミカルに描く。彼女が列車で知り合って共に踊りに行く男を、ブリアリが演じている。

N・Vではマイナーな存在だがファンの多いジャック・ロジエは二本の短編を残している。『新学期』は新学期の小学生を描いたもので、友人にそそのかされ、捨ててしまった鞄《かばん》を追って川の中に入ってゆくシーンはモーツァルトの『魔笛』の「夜の女王のアリア」と共に強烈な印象を残す。子供の即興のような演技はトリュフォーを思わせる。『ブルー・ジーンズ』は、夏休みのカンヌで女の子を誘惑しようとする若者二人を描く。その後のロジエの長編を思わせる「ヴァカンスもの」で、若者の軽さがたまらない。

⑹ 左岸派などの初期短編

アラン・レネはIDHECを中退後、一九四六年から短編を撮り始めるが、注目されるのは『ヴァン・ゴッホ』（一九四八年）からである。オランジュリー美術館で開催中のゴッホ展を16ミリで撮影したが、プロデューサーのブロンベルジェに35ミリで撮るように提案されて、展覧会は終わっていたので白黒の写真を撮影した。[*16] 膨大な数の絵画のみを見せ、写真やインタビューなど加えずにナレーションで語る独特の手法でアカデミー賞短編賞を受賞した。その方法は『ゲルニカ』『ゴーギャン』（一九五〇年）でも貫かれる。クリス・マルケル、ギスラン・クロケと共同監督の『彫像もまた死す』（一九五三年）は、アフリカ美術の展覧会を通じて植民地主義の欺瞞《ぎまん》を見せて上映禁止となった。『世界のすべての記憶』は巨大なフランス国立図書館の中をカメラが端から端まで移動し、そのメカニズムが語られる。古い建物なのにどこかＳＦの未来都市風だ。『スチレンの詩』はプラスチックの製造工程を工場内でカメラを移動させながら語る。カラー作品のせいもあって強い抽象性を帯びる。

この「物質」に徹底的にこだわるスタイルは、ドーマン製作の中編『夜と霧』でも貫かれる。現在のアウシュヴィッツの光景をカラーで見せながら、当時の写真や映像を挟み込む。インタビューもなければ歴史的解説もなく、ひたすら収容所で起こったことを追いかける。テキストを詩人で小説家のジャン・ケロールが書き、それを俳優のミシェル・ブーケが朗読している。レネは文学者との協力に積極的で、『ゲルニカ』のナレーションは詩人のポール・エリュアールが書き、女優のマリア・カザレスが読んでいる。『スチレンの詩』のテキストは小説家レイモン・クノーが担当している。

アニエス・ヴァルダの初作品『ラ・ポワント・クールト』は長編だがここで取りあげる。なぜならこの作品は前例のない制作方法でできたからだ。国立民衆劇場付きの写真家だったヴァルダは、プロデューサーなしでＣＮＣにも届けず、自らの資金で南仏のラ・ポワント・クールトでロケを行った。勤務する劇場の若い俳優（フィリップ・ノワレとシルヴィア・モンフォール）をパリから来た不仲な夫婦に設定して、地元の漁師たちと強いコントラストを作りながらある種の抽象劇を作りあげた。二人の会話は前衛演劇のようだし、画面構成はキュビスム絵画のようだ。編集はレネが担当しているが、明らかにレネと共通するドキュメンタリーをベースにした「物質」主義が感じられる。レネは面識のないヴァルダから電話で依頼されて断ったが、結局引き受けたと語っている。[*17]

ヴァルダの短編『オペラ・ムッフ』（一九五八年）はパリの庶民的なムフタール街を歩く普通の人々を捉えながら、裸の恋人たちや妊婦のショットを挟んだ実験的作品。まるで妊婦の妄想を交えた日記のような映像は、今から見るとN・Vでは珍しくフェミニズム的な作品である。

クリス・マルケルとジャン・ルーシュは海外で撮影したドキュメンタリーで『カイエ・デュ・シネマ』の評論家たちに評価された。マルケルは評論家や作家として活動しながら、ユネスコの仕事で世界をめぐっていた。レネと『彫像もまた死す』を共同監督した後、レネの『夜と霧』『世界のすべての記憶』の助監督などを務める。一方でドーマンの製作で短編『北京の日曜日』、長編『シベリアからの手紙』を監督した。

この二本はそれぞれ北京やシベリアが舞台のドキュメンタリーだが、自由な編集とナレーションによって一種の映像エッセーとなった。特に『シベリアからの手紙』は、シベリアの映像に加えてマンモスやトナカイのアニメーション映像や舞台シーン、ニュース映像を交えながら、手紙の形で語るナレーションによって進む。アンドレ・バザンは「こうした多彩な手法の唯一の共通分母は知性である。知性と才能である」[*18]と書いて絶賛した。

ルーシュは『狂気の主人公たち』において、アフリカのガーナで憑依《ひょうい》状態に陥る現地民の儀式を撮影した。解説のナレーションが付いているが、音楽や音声がリアルさを増す。さらに『私は黒人』では、コートジボワールのアビジャンで暮らす、ナイジェリアから出稼ぎに来ている若者たちの日常を手持ちカメラで描く。興味深いのは、彼らが自分たちが撮られた映像を即興のアフレコで解説してゆくこと。現地の音に解説が加わって新たな現実が作られるのを見たゴダールは、「映画のなかで最も大胆な映画であると同時に最も謙虚な映画である」[*19]と述べる。その影響は明らかに『勝手にしやがれ』のジャン＝ポール・ベルモンド演じるミシェルの語りに見ることができる。

(7) ロジェ・ヴァディムとルイ・マル

N・Vを論じるにあたってよく問題となるのが、前章でも触れたロジェ・ヴァディムとルイ・マルは含まれるのかどうかということだ。生年はまさにN・Vと同世代だが、『カイエ』には関わっていないし、レネ、ヴァルダ、マルケル、ルーシュのように「カイエ派」との交流があったわけでもない。ブロンベルジェらN・Vのプロデューサーも関わっていない。さらにヴァディムにもマルにも助監督経験があり、マルはその前にIDHECに通っている。
しかしヴァディムの『素直な悪女』とマルの『死刑台のエレベーター』という、それぞれの単独初の長編をトリュフォーは絶賛している。特に『素直な悪女』（原題は「そして神は……女を創った」）に関しては、ブリジット・バルドーの大胆な姿が検閲騒ぎにまでなったことを批判して「私はヴァディムがバルドーを指導して、彼女にキャメラのレンズの前で日常の動作を再現させてくれたことに感謝する」と書いた。[*20]
確かに若い普通の女性が欲望の赴くままに動く姿を、これほど自然にかつ肯定的に見せた映画はなかった。その意味で現代を表すリアリズムを求めていたトリュフォーが評価したのも理解できる。しかし今見ると、撮影技法や演出、ストーリー自体は、保守的に見える。またバルドーはその後ゴダールの『軽蔑』を除くと、N・Vが批判したクリスチャン＝ジャック、ルネ・クレール、クロード・オータン＝ララなどの古い監督との仕事が目立ったことも、現在における彼女の映画の評価を難しくしている。
裕福な家庭に生まれたマルは、自己資金で『死刑台のエレベーター』を作りあげたが、これは『素直な悪女』に比べると、ずっとN・Vの映画に近い。まず、撮影と主演がN・Vの監督が何本も組んだアンリ・ドゥカとジャンヌ・モローである。さらに音楽はジャズのマイルス・デイヴィスの映像に合わせた即興演奏。前半の殺人のサスペンス仕立ても、後半にモロー演じるフロランスがパリをさまよう姿も、N・Vの映画を彷彿《ほうふつ》とさせる。モローのモノローグも、ジャン＝クロード・ブリアリが端役で出ているのもいかにもN・Vらしい。脚本も監督が手がけている。

あえてN・Vとの違いを言えば、全体の構成がよくでき過ぎている点だろうか。冒頭と終わりのモローのアップは見事としか言いようがない。N・Vの監督たちの初期長編は力強いがどこかで破綻している場合が多く、一九五九年から六一年ごろまでの初期の数本を除くと結果的にヒットした作品は少ないが、マルはヒットを続けて海外でも公開された。次の『恋人たち』（一九五八年）はモローが地方の金持ちと結婚した若い女性を演じ、彼女のスキャンダラスな不倫をブラームスの弦楽曲に乗せてロマンチックに演出した。

『地下鉄のザジ』（一九六〇年）ではレイモン・クノーの小説をシュールに近いドタバタ劇に仕上げた点で才人と言えよう。『鬼火』（一九六三年）は、人生に絶望した三〇歳の男が自殺するまでの二日間を異様なまでの緊張感とミニマルな表現で描き、おそらく最もN・Vの映画に近い作品となった。一般的に言えば、マルが描く世界は新世代の若者が生きる姿を描いた点ではN・Vと共通するが、その描き方の多くは従来型の物語性の強いものだった。その後もヴェネツィア国際映画祭（以下、ヴェネツィアと表記）で金獅子賞《きんじししょう》を得た『さよなら子供たち』（一九八七年）など多くの作品で自ら脚本を手がけながら、商業的に成功する映画を作り続けた。

第三章
ヌーヴェル・ヴァーグの開花

『勝手にしやがれ』（ジャン＝リュック・ゴダール監督、1960年）

写真：Photofest/アフロ

(1) ヌーヴェル・ヴァーグの美学

N・Vの映画の特徴として挙げられるのが、即興演出やロケの多用や素人の起用などだが、ミシェル・マリはその美学として脚本から仕上げまでの以下の八つの立場を挙げている[*1]（文章は簡略化）。

（一）**作家＝監督**が脚本家を兼ねる
（二）事前に決められたショット構成を用いず、**即興**に大きな余地を残す
（三）**ロケ**が特権化され、スタジオ（撮影所）に依存しない
（四）数人からなる**「機動性のある」撮影チーム**が用いられる
（五）後時録音よりは撮影時に録音する**直接音**
（六）過剰な追加照明は用いない。**感度の高いフィルム**を使用
（七）**非職業俳優**が用いられる
（八）職業俳優の場合は**新人俳優**を用いる

こうすることで、「プロの映画とアマチュア映画の境界、フィクション映画とドキュメンタ

リー映画あるいは研究調査映画の境界を消去する方向に向かっている」[*2]とマリは書く。N・Vの美学はここに明確にまとめられている。こうなるとヴァディムの『素直な悪女』はもちろん、きちんと書き込まれた脚本に基づく明確なショット構成から成り立つ『死刑台のエレベーター』もこのカテゴリーから外れることがわかる。

今考えると、この方法は、「低予算映画」ともほぼ結びつく。特に撮影・録音機材がコンパクトで安価な現代では、これらは例えば学生が映画を作るときの条件に近い。違いは、当時の映画界ではこれらが全く新しい方法だったことであり、若い映画人が戦後の変貌した現実を捉えるうちに自然にできあがった体系だということだ。また、ここでは映画の語るテーマや内容には一切触れていない。あくまで撮影の方法論である。

この美学を最も体現したのは、私にはゴダールであるように思われる。もちろんこれは、マリの定義も含めて現代から見て言えることで、N・V元年と言われる一九五九年にはゴダールはまだ長編を発表していない。

N・Vが世の中に広まったのは、前章までで書いた通り一九五九年である。この年の前半に『美しきセルジュ』『いとこ同志』『大人は判ってくれない』『二十四時間の情事』が劇場公開された。

この四本がヒットしたこともあり、プロデューサーたちは二〇代から三〇代の監督志望の若者たちに次々と初監督の機会を与えた。六月から八月にかけてクランクインしたのはゴダール『勝手にしやがれ』、ロメールの『獅子座』、ドニオル゠ヴァルクローズの『唇によだれ』などである。『勝手にしやがれ』と『唇によだれ』は翌六〇年に公開され、この年にはジャック・ロジエの『アデュー・フィリピーヌ』が撮影された。『獅子座』の公開は六二年、『アデュー・フィリピーヌ』は六三年、五八年にクランクインしていたリヴェットの『パリはわれらのもの』は六一年一二月だが、そのころにはすでにN・Vの最初のブームは過ぎ去っていたこともあって興行はふるわず、この三人の監督は次回作までに時間をかけることになる。

(2) シャブロルの方法

シャブロルはパリ生まれで戦時中のクルーズ県滞在の後、パリで高校を終えてパリ大学で文学と法律学や薬学を勉強した。五二年からは『カイエ』編集部に出入りして原稿を書き始めた。一九五七年にはロメールと共著で世界初のヒッチコック論を出版している。[*3] 妻の祖母の遺産でリヴェットの短編『王手飛車取り』を製作後、自らの初長編『美しきセルジュ』を監督した。次の『いとこ同志』もシナリオができていたが、こちらの方がお金がかからないために先に作ることにしたと自伝で語っている。[*4]『美しきセルジュ』の最初のクレジットに「製作・脚本・監督」としてシャブロルの名前が出る。撮影は『海の沈黙』などジャン゠ピエール・メルヴィル監督作の多くを撮影したアンリ・ドゥカで、N・V初期の映画を多数担当した。

主演のブリアリは、兵役で知り合ったシャルル・ビッチが『カイエ』編集部に連れてきていたし、もう一人の主演ジェラール・ブランはブリアリの友人でトリュフォーの短編『あこがれ』[*5]に出ていた。セルジュが関係を持つ義妹マリー役はブランの妻のベルナデット・ラフォンと、役者は友人たちで固めている。

映画はすべてフランス中部のクルーズ県サルダンでロケされている。ここはシャブロルが戦時中に一〇代前半を過ごした場所で、この冬の様子を撮影したかったと語っている。先述のマリが述べた八項目にはないが、作り手の個人的な体験を映画に埋め込むのはN・Vの特徴の一つである。

映画は故郷、サルダンにフランソワが肺病の療養のために帰ってくるシーンから始まる。彼はその街でかつての親友のセルジュが大学に行かずに結婚し、最初の子供が死産して酒浸りになっている姿を見る。セルジュは自分の妻に同情したフランソワを殴って出ていくが、フランソワはセルジュの子供が生まれるときに探し出して連れてくる。

保守的でありながらモラルを失った地方に生きる人々の日常をある種の悪趣味で描くテイストは、その後のシャブロルの歩みを予言している。一見勝ち組のようなフランソワも必ずしもそうではなく、登場人物全員に冷ややかな視線を送る演出もまたシャブロル独特のものだ。何より、監督と同じ二〇代後半の青年二人の対照的な生き方を、地方の街を舞台に鮮烈な痛みと共に描いた強さが映画全編を支配する。

この作品は当初二時間三五分だったが、配給会社を見つけるには短い方がいいとリヴェットに言われて、シャブロルは九〇分にした。五八年のカンヌにフランス代表として出る話もあったが流れて、映画祭期間中の非公式上映となった。しかしアメリカやスウェーデンなどに売れたうえ、CNCの助成金も出たために、彼は『いとこ同志』に取りかかることができた。

この映画もブリアリとブランが成功者と失敗者を演じるが、舞台はパリであり、より皮肉度は高い。ブラン演じるシャルルは勉強のために田舎からパリに出てきていとこのポール（ブリアリ）と同居する。猛勉強をしたシャルルは試験に落ち、不正をしたポールは合格する。そのうえポールはシャルルが好きになった女と関係を持つ。さらには、ポールは間違ってシャルルを撃ってしまう。

シャルルにはやり過ぎなほどに不幸が訪れるし、ポールはナチスの親衛隊の帽子をかぶってドイツ語の詩を朗読し、ワーグナーの音楽が鳴り響く。寝ているユダヤ人の友人を起こすのに「ゲシュタポが来た！」と叫ぶのだからフランス人の神経を逆なでする。このような過剰なユーモアもこの映画がヒットした理由かもしれない。五九年の一二月に公開された『二重の鍵』以降、地方都市のブルジョア家庭に退廃と不倫が渦巻き、殺人へとつながってゆくサスペンスものという得意のテーマを打ち立てる。そしてだんだん女性の役割が大きくなってゆく。

シャブロルは二〇一〇年に亡くなるまで、オムニバス映画やテレビ作品を除いても五〇本を超す長編を作り続けた。N・Vの監督としては最多の作品数で、平凡な作品も含みながら皮肉とユーモアに満ちた独特のサスペンス映画を多数残した。個人的には公開時に見た『主婦マリーがしたこと』（一九八八年）、ドキュメンタリー『ヴィシーの眼』（一九九三年）、『沈黙の女ロウフィールド館の惨劇』（一九九五年）、『最後の賭け』（一九九七年）などが印象に残っている。

誰よりも最初に長編二本を作ってヒットさせてN・Vの存在を示したのみならず、N・V最初の短編であるリヴェットの『王手飛車取り』を製作し、ロメールの『獅子座』やリヴェットの『パリはわれらのもの』という二本の初長編の製作に貢献した点でもシャブロルという存在の意味は大きい。

(3) トリュフォーの奇跡

初めて「カイエ派」が監督した長編映画をフランス国内で見せたのがシャブロルなら、カンヌによってN・Vというものを電撃的に内外に示すことになったのがトリュフォーである。

トリュフォーが映画を撮るまでの人生は、アントワーヌ・ド・ベック、セルジュ・トゥビアナの『フランソワ・トリュフォー』や山田宏一の『トリュフォー、ある映画的人生』に詳しい。

簡単に言えば最初の長編『大人は判ってくれない』のアントワーヌのような少年時代だった。パリで生まれたときには父親はおらず、母が結婚してからも両方の祖母に育てられた期間が長かった。若くしてシネクラブを作り、お金の問題で父親に警察に突き出される。アンドレ・バザンに助けられて、彼の手引きで『カイエ・デュ・シネマ』誌に書き始めて「フランス映画のある種の傾向」が大きな反響を呼び、『アール』誌にも過激な文章を書き続けた。

一九五七年、『あこがれ』を撮る直前にカンヌに出かけ、上映されたフランス映画を『アール』誌で徹底的に批判する。映画祭側は反論を『アール』誌に載せ、翌年トリュフォーには取材許可を与えないことを決定した。八月、『あこがれ』の撮影が始まる。

自伝的内容の多いN・V初期の作品の中でも、『大人は判ってくれない』はとりわけその要素が強い。両親の不和、学校の先生の無理解、家にも学校にも耐えられずに家出をして盗難に及んで少年鑑別所に送られるまで、すべてが実体験をベースにしたことが、彼のインタビューでわかっている。例えば主人公のアントワーヌ・ドワネル少年がタイプライターを盗むのは、実際にトリュフォーがしたことだが、それは映画のように父の会社ではなく自分が働いていた事務所からだったという。あるいは学校を無断欠席したことの言い訳に「母が死んだ」と言う台詞は、実際にはドイツ占領下で「父がドイツ軍につかまった」と言い訳したのを変えたのである。[*6] 映画の冒頭でさまざまな角度からエッフェル塔が見えるのも、山田宏一によれば「エッフェル塔が見えるから自分がどこにいるのかを認識することができる」という生涯にわたるエッフェル塔へのこだわりからだった。[*7]

トリュフォーは「カイエ派」の中では珍しく大学に行っておらず、小学校をかろうじて卒業した。そのうえ、文字通り不幸な少年時代を送っている。それらすべてがこの映画の細部のリアリティの強さを生んだのである。さらにアントワーヌを演じたジャン＝ピエール・レオーがトリュフォーのイメージに応えた。レオーも家庭に不満でよく家出をした経験があり、「トリュフォーとジャン＝ピエール・レオーの人物像を混ぜ合わせて、アントワーヌの家出の物語が生まれた」[*8]。警察から護送車に乗せられて外を見るときの目、鑑別所で女性精神科医に答えるときの自然な表情、ラストの有名な海岸の場面のクロース・アップの静止ショットで捉えられた目など、ジャン＝ピエール・レオーの視線の鮮烈な強さがこの映画を支えている。

さらに驚くべきは、トリュフォーはレオーが演じるアントワーヌ・ドワネルを主人公として、その後二〇年にわたり、四本の作品を作っていることだ。『二十歳の恋』（一九六二年、オムニバスの一本）、『夜霧の恋人たち』（一九六八年）、『家庭』（一九七〇年）、『逃げ去る恋』（一九七九年）と、主人公が俳優と同じように成長してゆく形の映画史的に見ても類いまれなシリーズとなった。最後の『逃げ去る恋』はいわば総集編で、回想形式で過去の作品が使われている。レオーはこれらの「ドワネルもの」以外でもトリュフォーの『恋のエチュード』（一九七一年）や『アメリカの夜』（一九七三年）に出演しているほか、ゴダール作品にも『中国女』（一九六七年）を始めとして数本に出演しており、N・Vの代表的な顔の一人となった。

『大人は判ってくれない』は五九年のカンヌにフランス代表として出品されたうえ、審査員の一人、ジャン・コクトーの後押しもあって監督賞を受賞した。トリュフォーは当時二七歳で、二〇代の監督のフランス代表は初めてだった。そのうえに、これは第一回長編である。前年には同じカンヌでプレスカードの発行を断られた男が（それでも出かけた）、翌五九年に監督として凱旋するとは誰が想像できただろうか。これらすべての要素が自伝的内容と共に話題となり、六月のフランス公開でのヒットにつながった。

この映画ではアントワーヌが両親と見に行く映画がリヴェットの『パリはわれらのもの』（まだこの時点では完成していない）であり、アントワーヌが映画館で盗むポスターがスウェーデンのイングマール・ベルイマン監督『不良少女モニカ』（一九五三年）であり、教師に引率されて道路を歩く生徒が次々にいなくなるシーンはジャン・ヴィゴの『新学期　操行ゼロ』へのオマージュであるなど、随所に映画愛を示す「引用」が見られる。これはゴダールなどN・Vの監督たちに多い傾向だが、トリュフォーほど映画的引用が好きな監督はいない。これもまた彼の映画の自伝的要素と言えよう。

『カイエ』誌の編集に参加した唯一の日本人でトリュフォーと長い交流を続けた山田宏一は、

「トリュフォーの映画はすべて、回想や告白や生活記録と同じような意味で自伝とみなすことができるだろう。だが、それは映画のかたちで虚構化された自伝なのである」[*9]と書く。私はその意味でも、最も自伝的要素が込められた『大人は判ってくれない』が一番の傑作だと思う。

そのほか個人的には、ジャンヌ・モローが二人の男の間を揺れ動く『突然炎のごとく』(一九六一年)がN・Vらしい躍動感が全編に溢《あふ》れる魅力一杯の映画に見える。ジャンヌ・モローが男装をして二人の男と鉄橋の上で競走するシーンや、ギターの伴奏で「つむじ風」を歌う場面などは、滔々と流れるナレーションと共に忘れがたい。私が同時代的に見たトリュフォーの映画は『終電車』(一九八〇年)以降の三本だった。

(4)『勝手にしやがれ』の衝撃

現在の目でN・Vの初期長編一〇本ほどを見ると、ゴダールの『勝手にしやがれ』は圧倒的に突出している。多くのショットはコマ切れでつながっておらず、時には登場人物が正面を見て話し、会話がほぼ成り立っていない。原題の「息切れ」「息もたえだえ」(英語題はBreathless)という言葉がぴったり合うほど、最初から最後まで一気に突っ走る。『勝手にしやがれ』という邦題は、この映画を買い付けた秦早穂子《はたさほこ》がつけたものだが、秦はわずか二〇分のラッシュを見ただけで買い付けを決めた。海外で最初に買ったのは日本で、日本公開はフランス公開の一〇日後だった。秦は自伝的小説『影の部分』に「モノクロの画面は光輝き、ジャン＝ポール・ベルモンドは自由で無造作だった。二十分あまりのラウル・クタールのカメラは鮮烈だった」と書く。[*10]

この作品のクレジットには、原案にトリュフォー、技術顧問にシャブロルの名前がある。トリュフォーは一九五二年に起きた事件をもとに、四頁のプロットを書いた。シャブロルの『美しきセルジュ』と『いとこ同志』及びトリュフォーの『大人は判ってくれない』がヒットしてこの二人の名前の力は絶大だったため、N・Vの映画を製作しようと待ち構えていたプロデューサーのジョルジュ・ド・ボールガールはトリュフォーのプロットを読み、シャブロルも名前を貸すことを知って製作を決めた。このあたりの製作事情はコリン・マッケイブ『ゴダール伝』[*11]やアラン・ベルガラ『六〇年代ゴダール　神話と現場』[*12]、アントワーヌ・ド・ベック『伝記　ゴダール』[*13]に詳しい。ボールガールは配給会社SNCと組み、CNCの助成金も得て製作はスタートした。五一〇〇万旧フランの予算は当時のフランス映画の平均の三分の一だった。

自動車を盗み、追ってきた警官を殺した男が、恋人の告げ口で逮捕されるという単純なストーリーだが、一番の魅力は、ジーン・セバーグとジャン＝ポール・ベルモンドの演技というか、その表情や仕草や話し方にあるのは間違いない。アメリカ出身のジーン・セバーグはオットー・プレミンジャー監督の『聖女ジャンヌ・ダーク』（一九五七年）でデビューして同じ監督の

『悲しみよこんにちは』（一九五七年）に出ており、後者は『カイエ』誌の表紙を飾っていた。彼女の起用はボールガールの提案で、いくつかの偶然が重なってハリウッド映画の女優としては破格の安いギャラで出演が決まった。彼女が演じるパトリシアは少年を思わせるような短髪でパリを軽やかに歩く。どこか不安な表情を浮かべ、真剣に将来のことを考えているが投げやりな感じも全体を覆う。強い英語訛りのフランス語も魅力的でありながら痛々しい。ゴダールと言えば即興演出と言われるが、ほとんどの物語や会話は準備されていた。しかし俳優には台詞が当日渡されて、撮影中に変えられた。ミシェルとパトリシアとのホテルでの二〇分の会話やラストのミシェルの死というこの映画の重要なシーンは、即興で作られた。[*14]

ベルモンドはすでに短編『シャルロットとジュール』で主演しており、ゴダールは長編第一作で彼を起用したい旨を伝えていた。彼が演じるミシェルは警官を殺し、車やお金を盗む悪党だが、どこか厭世《えんせい》的な感じを漂わせる。最後に撃たれながら倒れて「最低だ」とつぶやく姿は忘れがたい。大きな声で観客に向かって語りかけたり、指で唇を触ったりする仕草もこの顔にぴったり。彼とセバーグがその瞬間を生きているように撮ったことが、この映画の力強さを生んだ。

撮影監督のラウール・クタールもプロデューサーのボールガールの提案だった。大戦後はインドシナの戦地で報道写真を撮っていたが、同僚のピエール・シェンデルフェールが映画を監督するときに映画の撮影を始めた。戦場で鍛えた自由で素早い撮影手法が、ゴダールが求めた演出にぴったりだった。移動撮影にレールを使わず、肩にカメラを持ち、あるいは三輪の手押し車や車椅子に乗って撮った。ゴダールが自然光撮影を望んでいるとわかると、フィルムに精通したクタールは感度の高いフィルムを選び、特に夜間撮影にはスチール写真用の超高感度「イルフォードHPS」を使い、一七・五メートルのフィルムをつなげた。

撮影は五九年夏の四週間で、アフレコも含めて編集に六週間を費やした。いわゆる「ジャンプ・カット」と呼ばれる前後のカットがつながらない編集は、一三〇分を超すフィルムを約九〇分に縮めたことで生まれた。シーン丸ごとのカットは二つだけで、あちこちのショットを切り刻んだ。ベルモンドのつぶやきのような言葉や、絶えず流れるマルシャル・ソラルによるジャズ風音楽が強い印象を残す。

さらに画面のあちこちに出てくる「引用」が全体をかき乱す。ミシェルとパトリシアが行く映画館にハンフリー・ボガードのポスターがあるような、トリュフォーの映画でよく見る「映画愛」の表現もあるが、ゴダールの場合は、音楽（モーツァルト）、文学（フォークナー、リルケ）、絵画（ピカソ、ルノワール）など多岐にわたる。パトリシアが参加する空港での記者会見に臨む作家のパルヴュレスコをゴダールが敬愛するジャン＝ピエール・メルヴィル監督が演じるのも、ゴダールらしい引用である。さらにラジオや新聞、雑誌といったメディアも混入する。セバーグの英語訛りのフランス語では時々会話が通じず、ミシェルが何度電話しても相手がいないように、言葉をめぐるコミュニケーションの問題が生じる。そしていくつもの種類の自動車が続々と登場する。こうしたゴダール特有のスタイルは、この最初の長編に始まって生涯にわたって続く。

映画は公開前の試写の時点から賛否両論だったが、次第に支持する声が高まり、フランスでは四〇万人近くを動員する大ヒットとなった。その後もゴダールはこれほどの観客を集めることはなかった。海外ではパリの一〇日後に封切られた日本を始めとして、四〇カ国以上で公開された。

その後、ゴダールは公私にわたるパートナーとなるアンナ・カリーナと出会い『小さな兵隊』を作るが、アルジェリア戦争に触れたために上映禁止となり、戦争終結後の一九六三年一月にいくつかの台詞を削除して公開された。ゴダールは公開直前に「人々はヌーヴェル・ヴァーグを、ベッドのなかにいる人たちしか描こうとしないと非難している、だったらぼくは、政治にかかわっていて寝る暇もないような人たちを描いてやろう、と。そして当時は、政治と言えばアルジェリアのことだった」と述べている。[*15]

カリーナとは、次に二人の幸福な気分を表した『女は女である』を撮り、微妙な関係を暗示する『気狂いピエロ』まで長編だけで六本を作った。『中国女』からは政治の季節が始まり、新たなパートナーのアンヌ・ヴィアゼムスキーが出演する。一九六八年からジャン＝ピエール・ゴランとの「ジガ・ヴェルトフ集団」による製作が始まる。一九七五年からは次のパートナーのアンヌ＝マリー・ミエヴィルと組んだビデオ作品が始まり、一九八〇年『勝手に逃げろ／人生』から再び商業映画に戻る。私が同時代的に見たのはシネヴィヴァン六本木のオープニング作品『パッション』（一九八三年）で、その後は公開のたびに追いかけた。

そしてゴダールは『イメージの本』（二〇一八年）まで、映画とは何か、そして人間とは何かを問いただす作品を作り続けた。ゴダールの映画はジガ・ヴェルトフ集団ものやビデオ作品を見ても、どれにもゴダールにしかない何かがあり、いつも刺激的だ。こんな監督はたぶん今後もいないのではないか。蓮實重彥はその死に際して「60年代にトリュフォーやシャブロールとともに『ヌーヴェル・ヴァーグ』の旗手として世界の映画シーンを一新したなどといわれているが、それは真っ赤な嘘《うそ》である。ゴダールのような映画を撮った映画作家は、世界に一人として存在していないからだ[*16]」と書いた。

（5）ロメールの謎

ロメールは「カイエ派」の最年長で、ゴダールより一〇歳上の一九二〇年生まれ。実はN・Vの中で誰よりも早く、一九五〇年から五六年までに五本も短編を作っていたが、日本でそれらが公開されるのは二〇一〇年の没後である。一九五九年夏に最初の長編『獅子座』を撮ったが、その地味な内容に公開は一九六二年となり、N・Vのブームは過ぎていたこともあって、観客は五〇〇〇人弱とN・Vの初期作品最低だった。日本でも当時は公開されず、九〇年に封切られた。

一九八三年の『海辺のポーリーヌ』は日本で初めて公開されたロメールの映画だが、これ以降の作品はほとんどが同時代的に公開されて「お洒落《しゃれ》な」映画として流通した。フランスでは一九六〇年代後半以降の作品はおおむね当たるようになり、ロメール監督の長編二五作品(『モンソーのパン屋の女の子』と『シュザンヌの生き方』を含む)を八〇〇万人以上が劇場で見た[*17]というから、結果としてはN・V一番のヒット監督である。

もともと高校の教師で、小説を別名で出版していた。映画の理論的分析にすぐれて一九四八年には『ラ・ルヴュ・デュ・シネマ』に最初の評論「映画――空間の芸術」を発表し、N・Vのメンバーに大きな影響を与えた。バザンの信頼が厚く一九五七年から六三年まで『カイエ・デュ・シネマ』の編集長を務めた。監督として十分にキャリアを積んだ一九七一年に「ムルナウの『ファウスト』における空間の構成」という博士論文をパリ第一大学に提出して受理されている(七七年に出版)ほか、日本でも邦訳のある評論集『美の味わい』[*18]を一九八四年に出版している。

さらに私生活を一切表に出さないことでも知られていた。盟友のジャン・ドゥーシェは一度も彼の妻に会ったことがないと私に語ったし、彼は自分の母親には映画監督であることを明かさず、高校の先生で通していた。N・Vの監督で唯一本名（モーリス・シェレール）を名乗らなかったのはそのためである。N・Vの仲間は「モーリス」からGrand Momo「グラン・モモ（モモの大将）」と呼んで一目置いていた。彼の謎を解く鍵はシャブロルが製作した『獅子座』にあるような気がする。

『獅子座』はN・V初期の映画の中でも、一見すると一番平板な内容だ。四〇歳近い自称音楽家が、家賃未払いのためにアパートを追い出され、ホテルにもいられず、夏休みの誰もいなくなったパリをさまよう。イワシの缶詰でズボンを汚し、知り合いを頼って郊外のナンテールに行くが帰りの切符をなくし、セーヌ河畔で子供の食べ物を盗もうとして犬に追い立てられ、店のビスケットを盗んで店主に殴られる。靴に穴が開き、無精ひげは生え放題。ホームレスの男と知り合い、コンビでカフェの余興を始めたころ、『パリ・マッチ』誌の友人に再会し、自分が伯母の莫大《ばくだい》な遺産を受け継いだことを知る。

金のない者にとっての夏のパリを、これほど克明に描いた映画は今に至るまでないのではないか。シャブロル作品の脚本家として知られるポール・ジェゴフのバルセロナでの実体験をもとにしたものだが、この透徹したリアリズムは同じパリを描いても『いとこ同志』や『大人は判ってくれない』にはない。ラストに訪れる幸運も含めてそのほとんど超越的な感覚はイタリアのロベルト・ロッセリーニの『ストロンボリ』（一九五〇年）に近い。ある意味ではN・Vの最も進んだ形を示したのが『獅子座』だった。

この後、ロメールは『獅子座』の公開を待ちながら再び16ミリの自主制作に戻る。「六つの教訓話」シリーズとして短編『モンソーのパン屋の女の子』と中編『シュザンヌの生き方』（共に一九六三年）を作った。若い友人のバルベ・シュロデールと「フィルム・デュ・ロザンジュ」を設立したのは、『モンソーのパン屋の女の子』の資金繰りのためだった。この短編の主人公を演じたのはシュロデールで、内容はロメールの実体験をもとにしたものだった。このシリーズは二人の女性の間で悩む若い男が出てくるが、結局最後に「結婚」が現れて強引に運命を決めてしまう。『獅子座』も含めてパリをさまよう若者が主人公で、ヴァルター・ベンヤミンの「都市を捉えるアレゴリー詩人のまなざしは、むしろ疎外された〔他郷者《よそ》になった〕人のまなざしである。それは遊歩者《フラヌール》のまなざしである」[19]というボードレールをめぐる考察や、ジル・ドゥルーズの「われわれは、感覚運動的脈絡を弛緩《しかん》させた散策（物語詩）の映画から始め、ついで純粋に光学的音声的状況にたどりつく」[20]という言葉を思い出させる。

ロメールは一九六三年に『カイエ・デュ・シネマ』の編集長をジャック・リヴェットに交代し、その後は教育テレビや外務省からの仕事を受けて短編を作った。オムニバス作品『パリところどころ』はシュロデールの企画で、ロメール編集長解任を提案したリヴェット、彼に同調したドニオル＝ヴァルクローズ、トリュフォーなどにはあえて声をかけていない。それは「『カイエ』の陰謀に対する挑発的な回答」だった。[*21] ジャン・ドゥーシェは「今日では『パリところどころ』はヌーヴェル・ヴァーグのマニフェストのようにもその遺書のようにも見える。実際にこの映画はヌーヴェル・ヴァーグの終わりを意味したと言える」[*22]と書く。この作品は当時はテレビかドキュメンタリー用とされた16ミリで撮影され、すべてロケ撮影・同時録音で、脚本は監督が書いているところから、ある意味では最もN・Vらしい作品とも言えるのではないか。

シリーズ四作目の長編『コレクションする女』からは一般の観客に評価されるようになった。その後は『O侯爵夫人』（一九七六年）や『聖杯伝説』（一九七八年）のような文学作品の地味な翻案を含みつつも、わかりやすくかつN・Vのリアリズム精神を正統に受け継ぐような作品を遺作となる『我が至上の愛～アストレとセラドン～』（二〇〇六年）まで作り続けた。一九九〇年代にシネヴィヴァン六本木で彼の新作がどんどん公開され、若い男女で溢れていた光景を覚えている。それらの多くがフランスの内外でヒットしたことも含めて、やはり謎に満ちた監督である。

(6) ジャック・リヴェットの陰謀と演劇

ロメールの謎は主にその作品と実人生との距離や彼の思想と作品の人気との乖離《かいり》にあるが、作品そのものは一見するとN・Vの監督の中で最も平易である。監督する映画そのものが根本的に謎に満ちているのはジャック・リヴェットである。リヴェットはロメールと同様に「カイエ」派から尊敬されており、トリュフォーは最初の評論集『わが人生の映画たち』をリヴェットに捧《ささ》げているし、その本で「すべての発火点がジャック・リヴェットだった」と書いている。[*23]

短編『王手飛車取り』は話としてはわかりやすいが、そこにあるのは夫婦それぞれの「陰謀」の勝負である。これが初長編『パリはわれらのもの』になると、登場人物は一〇人を超え、スペインやアメリカを含む国際的な政治情勢がからむ陰謀に発展する。

『パリはわれらのもの』は、兄のファンが失踪したことに泣き叫んでいる女性の声を隣室のアンヌが聴くところから始まる。ファンはスペイン人音楽家でジェラールが演出する『ペリクリーズ』の音楽を担当していた。アンヌはそのリハーサルを見に行って、劇団に役者として加わることになる。アンヌはファンが録音したテープを探すが、その過程でアメリカ人のフィリップや彼と関係があり今はジェラールと付き合うアメリカ人女性テリーに出会う。ジェラールは殺され、アンヌの兄の行方もわからない。ストーリーを読んだだけでは雲をつかむようだが、映画を見るとパリのあちこちに国際的陰謀が仕組まれているらしいことが感じられる。

ミシェル・マリは「映画のムードは、アメリカでの魔女狩り（映画界をも巻き込んだ赤狩り）、戦車に蹂躙《じゅうりん》されたブダペストの革命を想起させるが、それは同時に、アルジェリア戦争を背景とした政治的軍事的陰謀のもとに終焉を迎えようとしていたフランス第四共和政の、知識人界の雰囲気をも見事に描き出している」[*24]と書く。

リヴェットは、フランス北部のルーアンの中心部に薬局を持つブルジョア家庭に生まれ、二一歳でパリに出るまでそこで過ごした。彼にとって最も重要なのは文学で、評論家のモーリス・ブランショに傾倒していた。[*25]映画に関しては、ルノワールの『ゲームの規則』（一九三九年）やオーソン・ウェルズの『市民ケーン』（一九四一年）などをルーアンで見ていた。両親に映画を仕事にしたいと申し出て反対されたため、ＩＤＨＥＣを受けるが面接で落ちた。四九年末にパリに来て、シネクラブなどに通ううちに後の『カイエ』誌の面々と知り合った。

ほかのＮ・Ｖの監督たちと違い、彼がパリで「映画漬け」になったのは二〇歳を過ぎてからであり、その分ほかの分野への知的好奇心も旺盛だった。Ｎ・Ｖの監督の中でも「カイエ派」は政治的関心が薄く、哲学者のサルトルや映画史家のサドゥールらへの反発もあって「右派」とも言われていた。その中で明らかに思想や政治に関心を持つリヴェットは「左派インテリ」に近く異色だった。『パリはわれらのもの』に顕著な国際的あるいは政治的意識はそこから来ている。ちなみにリヴェットが『カイエ』の編集長になってからは、記号学の旗手ロラン・バルトや現代音楽のピエール・ブーレーズ、文化人類学者のクロード・レヴィ＝ストロースらとの対談を次々に掲載している。

またリヴェットの演劇へのこだわりはこの最初の長編に明らかだ。アンヌが惹《ひ》かれるジェラールはシェイクスピアの『ペリクリーズ』のリハーサルを繰り返している。メンバーが仕事などでバラバラになりつつあるとき、パリ市立劇場から突然演出のオファーが来る。結局ジェラールは俳優や演出方法を押しつけられて続けられなくなるが、彼が劇場の屋上に立ってパリを見下ろすシーンには、世界全体を見渡して認識しようとするリヴェット特有の願望を感じる。彼の演劇へのこだわりは演劇そのものをテーマとした『狂気の愛』や『アウト・ワン』（一九七一年）を頂点に、その後の作品にもしばしば垣間見《かいまみ》える。

『パリはわれらのもの』の撮影は一九五八年七月に始まり、一三カ月も続いた。当初はプロデューサーもおらず、フィルムとカメラだけを用意して撮影は始まり、スタッフもキャストもノーギャラだった。まるで映画の中で演じられる劇団のように、俳優がほかの仕事でいなくなることもあったが、そのたびに脚本を直しつつ撮影は続いた。だが翌年の二月、三月に公開されたシャブロルの『美しきセルジュ』と『いとこ同志』も、六月に公開されたトリュフォーの『大人は判ってくれない』も大ヒットしたため、この二人が自らの製作会社から出資してくれ、ようやく映画は完成を迎えることができた。[*26]

その後三年間の『カイエ』編集長を経て監督した『修道女』はドニ・ディドロの小説の映画化で、この監督には珍しく古典的な構成を持つ。二つの修道院で苦しむ修道女（アンナ・カリーナ）は極めて誠実で高い宗教心を持っているのになぜか不幸になってゆく。リヴェット特有の陰謀も思わせる展開だが、むしろ自分に素直に生きるために戦う女性をストレートに描いたと言えるだろう。この作品は一九六六年に完成するが、検閲で上映が禁止になる。しかしゴダールがマルロー文化大臣に抗議する公開書簡を書き、翌年公開された。

その後は四時間を超す『狂気の愛』や一二時間を超す『アウト・ワン』と演劇そのものを映画化した作品が続き、後者はフランスでも劇場配給されなかった。彼の作品が一般にわかりやすくなるのは『北の橋』（一九八一年）からで、『美しき諍い女《め》』（一九九一年）はエマニュエル・ベアールのヌードが話題になったこともあり、日本でもヒットした。脚本に後に監督となるパスカル・ボニゼール（一九四六年生まれ）が加わったこともわかりやすくなった要因だろう。しかしそれでも難しい。ほとんどの作品が演劇を中心に美術や哲学と交差しながらどこかに陰謀が渦巻くもので、緊張した画面と視線の劇でありながらも物語性をどんどん排除してゆく独自の演出は、N・Vの中でも異彩を放っている。

第四章
「左岸派」たちの肖像

『二十四時間の情事』（アラン・レネ監督、1959年）　写真：Album/アフロ

（1）アラン・レネの冒険

第三章で主に紹介したシャブロル、トリュフォー、ゴダール、ロメール、リヴェットらがN・Vの主流派として「カイエ派」と呼ばれるのに対し、これから述べるアラン・レネ、アニエス・ヴァルダ、ジャック・ドゥミ、クリス・マルケルなどは「左岸派」と呼ばれる。この章ではこの一派を中心にそれ以外の監督も含めてN・Vに属すると思われる監督たちを取りあげたい。

アラン・レネの映画は、ゴダールやリヴェットと同じく「難しい」と思われがちである。ただし、ゴダールやリヴェットの難解さは、どこか「映画的」というか、映画という「制度」そのものに挑戦するというところがある。ところがレネの映画は、誰にも（ひょっとすると監督本人にも）わからない根源的に不可解な世界を含んでいるように思う。そのうえ、レネの作品にはN・Vのほぼすべての監督にある自伝的要素が感じられない。あくまで知的に構想された世界である。

アラン・レネはブルターニュ地方の海に面したヴァンヌ市の薬剤師の息子として生まれて文学、映画、演劇に興味を持ち、一九三九年からパリに住んだ。最初は舞台俳優を目指すが挫折し、一九四三年にできたばかりのＩＤＨＥＣに入学する。短編ドキュメンタリーで特異な才能を発揮し、彼の初長編であり初めての劇映画『二十四時間の情事』に挑む。短編ドキュメンタリー『夜と霧』のナレーションは作家のジャン・ケロールが書いたが、本作では女性作家のマルグリット・デュラスにシナリオを依頼した。このような文学者との協働は、ほかのN・Vの監督には見られない。そもそもトリュフォーは「フランス映画のある種の傾向」で有名な文学作品をプロの脚本家が翻案して映画化することを非難していた。

この作品の原題は「ヒロシマ、わが愛」だが、最初予定されていた題名は「ピカドン」だった。大映との合作でシーンの多くが日本で撮影されており、監督のレネと女優のエマニュエル・リヴァ、スクリプターのシルヴェット・ボドローが来日した。プロデューサーのアナトール・ドーマンは、もともとはデュラスではなく『悲しみよこんにちは』で有名になったフランソワーズ・サガンに依頼するつもりだったが、サガンがアポをすっぽかしたため、レネの発案でデュラスにしたという。[*1] エマニュエル・リヴァは撮影の前に自らカメラで広島の光景を写真で撮っており、それらは二〇〇八年に日本で、二〇〇九年にフランスで出版された。そこにはレネがデュラスに書いた手紙が収録されており、レネとデュラスが台詞や配役など実に細かな議論を重ねていたことがわかる。デュラスは自分で台詞を録音したテープも送っている。[*2]

この映画には、太田川に飛び込む女教師と生徒たちのシーンや一万人を超す抗議デモのシーンなど、関川秀雄監督の『ひろしま』（一九五三年）の映像の一部やニュース映像が利用されているが、大半は広島ロケと大映の撮影所で撮られた。広島に映画の撮影に来たフランス人女性と広島に住む日本人建築家が主人公だが、彼らを始めとして登場人物には名前がない。冒頭、二人が抱き合う場面が肉体に砂がかかったような映像で抽象的に示され、「君は広島で何も見ていない」「すべて見たわ」というやりとりが続く。女は撮影を終えて男とカフェやキャバレーに行きながら、かつて自分がフランスのヌヴェールで愛し合ったドイツ兵を思い出す。そこから女が終戦後にヌヴェールで味わった悲惨な日々の記憶が蘇《よみがえ》る。

一方でカメラは『世界のすべての記憶』や『夜と霧』のように、復興が進む広島の街を移動撮影で見せてゆく。もちろん街にはあちこちに原爆の痕跡が残っている。そこに女のフランスの記憶が重なってゆく。広島とヌヴェールという関係のない二つの都市の記憶と忘却が男女の交わりの中でつながる。この映画は、一九五九年のカンヌではアメリカへの配慮からコンペ外の上映となったが、国際批評家連盟賞を取ってその後も高い評価を得ている。もっとも日本人の私には、ドイツとの戦争の記憶を抱えたエマニュエル・リヴァ演じる女の存在感の強さに比べて、建築家役の岡田英次《えいじ》は原爆の過去を背負っていないように見え、リアリティが薄く感じる。

デュラスの文学の力を最大限に生かしたレネは、次の『去年マリエンバートで』では、「ヌーヴォー・ロマン」の旗手、アラン・ロブ＝グリエと組んでさらに抽象性の高い世界を構築した。今回はイタリアとの合作でイタリアの俳優ジョルジオ・アルベルタッツィ演じるイタリア語訛りの男が、城館でデルフィーヌ・セイリグ演じる女を追う。この映画にも登場人物の名前はなく、男は「去年フレデリクスバート庭園で会った」と言い、その公園を思い浮かべる。画面にはその公園を歩く女が写る。女の夫らしき男が、追いかける男に銃を放つ。男は時おりモノローグで女との出会いを語り、その場面を思い浮かべる。

ロブ＝グリエは、この映画のシナリオのみならず絵コンテまで描いてレネに渡したという。[*3] 三人の主要人物以外は台詞も少なくまるで人形のようで、全体として絵画のように（例えばルネ・マグリットの）、造形的に完成された場面が次々に続く。廊下を走り回るカメラは、『世界のすべての記憶』を思わせる。前作のような政治性や歴史性ははぎ取られ、純粋に人間の記憶と愛を追いかける画面と言葉がせめぎ合う。

デュラスもロブ＝グリエもレネとの仕事の後に作家活動を続けながら、その後映画の監督業に足を踏み出し、成果を挙げている。おそらく自分が書いたシナリオのレネによる映画化に強い刺激を受けたのではないか。

『ミュリエル』では『夜と霧』で組んだ作家のジャン・ケロールにシナリオを頼んだ。今回は『二十四時間の情事』のように第二次世界大戦の惨事を男女の愛によって蘇らせるのでも、『去年マリエンバートで』のように記憶の彼方《かなた》の愛を造形的に作りあげるのでもなく、当時のフランスの隠された汚点であるアルジェリア戦争に挑んだ。この戦争がエヴィアン協定で終結した直後に作られた。

題名のミュリエルは女性の名前だが、その人物は一度も出てこない。デルフィーヌ・セイリグ演じるエレーヌの亡夫の連れ子ベルナールが、アルジェリアの兵役中に出会った女性の名前だという。映画を通じてそこには秘密があることが明らかになってゆく。主人公エレーヌが住むのは一九四〇年にドイツの攻撃を受けて占領された町、ブローニュ＝シュル＝メールで、彼女は骨董店《こっとうてん》を営んでいる。そこに一〇代のころの年上の恋人アルフォンスが、姪《めい》と称する女性（実は恋人）を連れて現れる。アルフォンスは長年アルジェリアでバーを経営していたという。さらにエレーヌの今の愛人やベルナールの恋人、アルフォンスの義弟など一〇名ほどが次々に登場し、みなが過去の記憶に遡ってゆく。

全体が「言えない過去」をめぐる不条理劇のように進み、時おり、ハンス・ヴェルナー・ヘンツェによる無調音楽の歌曲が歌われる。レネは『夜と霧』とこの三本の長編で、現代史とその記憶をめぐる考察を前衛的な映像と音に落とし込むことに成功した。『去年マリエンバートで』を除く三本では、N・Vの映画では珍しく戦争への考察をテーマにしている。その後の作品も記憶のテーマは繰り返されるが、この四本の完成度の高さには及ばない。『アメリカの伯父さん』（一九八〇年）あたりからは、軽快な喜劇をベースとしながらもどこかに人生の不条理が覗《のぞ》くような作品を作り続けた。

ドキュメンタリーの短編を何本も撮った後に劇映画で不条理の世界を追求するレネの歩みは、イタリアのミケランジェロ・アントニオーニ（一九一二年生まれ）に似ているかもしれない。アントニオーニが最初の長編『愛と殺意』（一九五〇年）以降何度も音楽を頼んだジョヴァンニ・フスコは、レネの『二十四時間の情事』の音楽も担当している。

(2) 唯一の女性、アニエス・ヴァルダの虚実

二〇〇五年にフランスで『ヌーヴェル・ヴァーグ　男性一人称単数の映画』という本[*4]が出た。著者はボルドー大学などで教えていたジュヌヴィエーヴ・セリエだが、内容を一言で言えば、N・V映画の多くは男性主人公を中心にした男性原理に基づくものであるという主張である。確かにゴダールの『勝手にしやがれ』やシャブロルの『美しきセルジュ』、ロメールの『獅子座』などを考えると一理ある指摘である。しかしセリエは「左岸派」は少し異なるとして、レネの『二十四時間の情事』がデュラスのシナリオに忠実な、女性を中心にした作品であると述べ、唯一の女性監督であるアニエス・ヴァルダの『5時から7時までのクレオ』をこの時代では例外的な女性の疎外を描いた映画として評価する。

一九二八年にベルギーで生まれたヴァルダは、戦争中の一時期を南仏のセトで過ごした。

N・Vの先駆的作品と言われる最初の長編『ラ・ポワント・クールト』はセトを舞台に撮られた。ヴァルダはパリで写真を学び、セト出身のジャン・ヴィラールの勧めで彼が立ちあげたアヴィニョン演劇祭や国立民衆劇場の舞台写真家として一九六一年まで働いた。『ラ・ポワント・クールト』に主演したフィリップ・ノワレやシルヴィア・モンフォールは国立民衆劇場の俳優だった。

『5時から7時までのクレオ』は、『勝手にしやがれ』を製作したボールガールに低予算でわかりやすい映画をと依頼されてヴァルダが提案したものだ。癌《がん》の疑いがある歌手のクレオが、検査結果が出るまでの不安な一時間半パリをさまよう、それだけの話だが、仕掛けがある。

一つは実際の映画の進む時間が、字幕で示される物語の時間の経過と一致することだ。最後の字幕は六時一五分で映画は六時半に終わり、その後の七時までの三〇分は観客の想像に任せるかのようだ。しかしながら考えてみれば、占いを頼み、カフェで話した後に帽子を買い、自宅で恋人や音楽家たちと会い、ヌードモデルをする女友だちに会いに行って彼女の恋人に短編映画を見せてもらい、公園で男性と出会って話すのを一時間半で実行するのは難しい。いかにも現実そのもののように見せかける虚と実の戯れがある。

クレオはタクシーや徒歩や知人の車やバスでパリを中心部から南へ移動する。前半では検査結果を待つ不安の身なのに、周囲からは歌手としてちやほやされるだけでわかってもらえない。

恋人にも音楽仲間にも癌のことは話せない。自由に生きる女友だちドロテに会うあたりから、トーンが変わる。彼女には少し病気の話をして、最後に出会う男性アントワーヌには歌手であること以外は何でも話す。歌手という役割から解放されて、そのままの自分に戻るように。ちなみにアントワーヌを演じたアントワーヌ・ブルセイエはヴァルダがジャック・ドゥミと結婚する前の恋人で、ヴァルダとの間に娘もいる。

アントワーヌは兵役中でアルジェリアから休暇で来ていた。その恐怖をちらりと話すことで、クレオの不安は相対化される。アルジェリア戦争については、クレオが乗るタクシーでそのニュースが流れるし、カフェで「あの戦争はばかげている」と話す声も聞こえる。ヴァルダはこの作品で、『ラ・ポワント・クールト』の編集を引き受けたレネに影響を受けたのか、検閲されない範囲で政治的立場を表明している。また冒頭でタロットだけをカラーで写して会話を画面外で聞かせたり、鏡や時計を絶えず見せたり途中で過去の映像を挿入したりといった編集のトリックもレネに似ている。そして街やカフェの普通の人々の顔や会話をドキュメンタリーのように写すのも、レネによく見られる。少なくとも日本では論じられていないが、初期のヴァルダは実はレネとかなり近い資質を持っていたのではないか。

彼女は劇映画よりもドキュメンタリー映画を多く作っている。『ラ・ポワント・クールト』の後、この作品までにもドキュメンタリーを何本も作っているし、その後も『幸福《しあわせ》』（一九六五年）、『歌う女、歌わない女』（一九七七年）、『冬の旅』（一九八五年）などの女性の生き方を描く劇映画を作りながら、多くのドキュメンタリーを発表している。また夫のジャック・ドゥミの死後は彼をめぐる映画を三本作り、『落穂拾い』（二〇〇〇年）以降は、ヴァルダ本人が登場するドキュメンタリーを何本も作るなど、新たな領域を開拓した。

個人的には『冬の旅』から同時代的に見たが、この二〇年ほどの本人が出てくるドキュメンタリーは、どれも愛すべき作品だった。横浜のフランス映画祭でもパリのシネマテークでも、自分の作品でなくても、どこからともなく現れる髪を半分紫に染めたおかっぱ姿を何度か見かけたが、亡くなる直前まで好奇心のままに動き回り、その姿を映画に残した。

（3）ジャック・ドゥミのファンタジー

N・Vの一番の特徴は映画における新しいリアリズムの開拓だが、ドゥミの映画の魅力は出会いと別れのメロドラマの構築やその果てのファンタジーに近いミュージカルにある。彼は一九三一年に西部のナント郊外に生まれ、ナントで育った。戦後パリに出て写真映画専門学校（現在のルイ・リュミエール国立高等学院）を卒業後、アニメーション作家のポール・グリモーやドキュメンタリー監督のジョルジュ・ルキエに師事し、ルキエの製作・監修で『ロワール渓谷の木靴職人』（一九五五年）などの短編を作った。

最初の長編『ローラ』はゴダールに紹介されたボールガールの製作で、撮影は『勝手にしやがれ』のラウール・クタールが担当した。ドゥミが育った港町ナントを舞台に、自分の生き方を模索する青年ロラン（マルク・ミシェル）がダンサーになった幼馴染《おさなな じ》みのローラ（本名はセシル、アヌク・エーメが演じる）に再会するのだが、ローラの恋人ミシェルの帰還を始めとして、水兵フランキーなど六人の登場人物の出会いと別れと再会が描かれる。たった三日間でこれほどの人間模様が交差することはありえないのだが、エレガントで繊細な演出が恋愛の奇跡を成り立たせる。長編第一作の完成度としては、N・Vの監督で一番ではないかと私は思う。

もともとはカラーでミュージカルを撮る予定がボールガールの提示した予算で作るためにこの作品になったというが、クタールによる全編ロケの自然光の撮影が白黒の光と影を際立たせている。またこの映画で組んだ美術のベルナール・エヴァンと音楽のミシェル・ルグランは『シェルブールの雨傘』（一九六四年）を始めとするドゥミの独自の色彩と音の美学を構築してゆく。またドゥミは六二年にヴァルダと結婚しているが、『ローラ』の一年後に公開された『5時から7時までのクレオ』においてもこの二人が大きな役割を果たしているのは、クレオが自室でルグランの弾き語りに合わせて歌うシーンでも明らかだ。

次の『天使の入江』（一九六三年）は、一転して二人の若い男女がギャンブルに打ち込む姿を描くシンプルな映画となった。賭けのシーンをミシェル・ルグランの華麗な音楽と共にたっぷりと見せる背徳的な感じは、ロベール・ブレッソンの『スリ』(一九五九年)さえ思わせる。ジャンヌ・モローが演じるブロンド女性がカジノに興じる派手な姿は、まるでマリリン・モンローのようだ。この映画が当時日本で公開されなかったのは、ギャンブルが馴染まなかったからか、恋愛ものとして単純過ぎたからか。いずれにせよ、ニースやモンテカルロのホテルやカジノもギャンブルの心理もリアルに描く作品である。

『シェルブールの雨傘』は、すべての台詞を歌で綴《つづ》るという映画史でも初めての試みのなされたミュージカル映画である。ドゥミ初めてのカラー作品でもあり、美術のエヴァンの力を借りて冒頭の色とりどりの傘に始まって赤や黄や青の原色を使った人工的な世界を作りあげた。この二重に人工的な世界で語られるのは自動車整備工の青年ギイと傘屋の娘ジュヌヴィエーヴの悲恋だが、その背景にはアルジェリア戦争という現実がある。五七年一一月の「旅立ち」、五八年一月の「不在」、五九年三月の「帰還」、そして六三年一二月の「エピローグ」と進むが、ギイは「旅立ち」のときにジュヌヴィエーヴに「今のアルジェリア戦争では、いつ帰ることができるかわからない」と語る。この作品はカンヌでパルムドールを受賞し、世界中でヒットして主演のカトリーヌ・ドヌーヴを一挙にスターに押しあげた。ちなみにギイの仕事の自動車整備工は監督ドゥミの父親の職業で、宝石商に嫁ぎパリに行ったジュヌヴィエーヴとその母親の生き方と対比されている。

ギイとの間にできた子供を引き取ってジュヌヴィエーヴと結婚するのは豊裕な宝石商のロラン・カサールだが、彼を演じるのは『ローラ』で同じ役名を演じたマルク・ミシェル。まるで『ローラ』の結末、仕事でヨハネスブルグに向かったロランがお金を稼いで戻ってきたかのようだ。バルザックの「人間喜劇」[*5]のように同じ名前の人物が時間を経て再び登場するのはアメリカで撮った『モデル・ショップ』（一九六八年）でも見られ、アヌク・エーメ演じるローラ（セシル）が登場し、パリの息子に会うために去ってゆく。ちなみにこの作品では『ローラ』に出てくるミシェルは別れた夫として、フランキーはベトナム戦争で戦死したとして語られ、『ローラ』のころの彼らの写真さえ出てくる。

『ロシュフォールの恋人たち』（一九六七年）は『ローラ』を幸福感たっぷりのミュージカルにしたような作品で、七、八人の男女の出会いや別れや再会を歌いあげる。港町ロシュフォールの、週末のお祭りを中心に、カトリーヌ・ドヌーヴとフランソワーズ・ドルレアックの姉妹、ハリウッド俳優のジョージ・チャキリスやジーン・ケリーなどが原色の衣装をまとって歌い、踊る。『シェルブールの雨傘』と違って歌のない台詞も多いが、その分そこかしこでダンスが見られる点でアメリカのミュージカルに近い。また社会格差も戦争もない。なおこの映画では『ローラ』に出てくるデノワイエ夫人への言及がある。

ドゥミはアメリカ・メジャーのコロンビアで配給された『モデル・ショップ』を始め、アメリカとイギリスの資本によりドイツで『ハメルンの笛吹き』(一九七一年)、日本資本で『ベルサイユのばら』(一九七八年)と、英語中心の作品を三本撮った。とりわけ日本のマンガを原作にした『ベルサイユのばら』は本領を発揮できず、生前にはフランスで公開されなかった。晩年には、『シェルブールの雨傘』と同様に再びナントを舞台にしてすべての台詞を歌にした『都会の一部屋』(一九八二年)や歌手のイヴ・モンタンの半生をマルセイユを舞台に描いた遺作『想い出のマルセイユ』(一九八八年)で、かつての味わいの恋愛ドラマを再現した。

ドゥミはヴァルダの夫だったこともあって「左岸派」に位置づけられるが、彼の作品はヴァルダやレネのように根本にドキュメンタリー精神を持つものではなく、華やかなハリウッド映画の世界を独自の解釈でファンタジー溢れるメロドラマに仕立てたものであった。

(4) ジャン・ルーシュの映像人類学

一九一七年にパリに生まれたルーシュは人類学者として戦後すぐにアフリカの調査団に参加し、映像を残し始めた。『狂気の主人公たち』や『私は黒人』はゴダールを始めとするN・Vの監督に絶賛されて影響を与えた。一九六一年に撮った『人間ピラミッド』はドキュメンタリーとフィクションを行き来する映画である。冒頭にルーシュが出てきてコートジボワールのアビジャンに住むフランス人やアフリカ人の高校生たちに、両者の交流を映画にしたいと申し出る。高校生たちは与えられた役割を演じながらも、実際に交流が始まってゆく。映画の後半ではこれまで撮った映像をルーシュが出演者に見せるシーンがある。その後アランというフランス人が海で死ぬが、「これは映画の上の話」とルーシュのナレーションが聞こえる。このようなメタ映画の形は同じ年に完成した『ある夏の記録』でも引き継がれる。『私は黒人』などと同じようにアフレコで、登場人物のナディーヌなどのナレーションも自由に入れられている。

『ある夏の記録』は共に国立科学研究センターに所属していた社会学者のエドガール・モランとの共同監督で、モランの「黒人ばかり撮らずに白人も撮ったら」という提案で始まったという。モランは『映画あるいは想像上の人間』（一九五六年）や『スター』（一九五七年）など映画分野の著作も残していた。ルーシュは16ミリカメラとナグラ（同社の小型録音機）によって初めて同時録音でパリを撮影した。

二人の女性がパリの街頭で道行く人々に「あなたは幸福ですか」と問いかけるが、きちんと答える人は少ない。そこで何人かの個人に依頼してじっくりと話を聞く。そこには監督のルーシュやモランが同席することもあるし、インタビュアーのマルセリーヌ・ロリダン自身が自分の強制収容所にいた過去や父のことを語り出しもする。そもそも映画の初めの方には二人の監督がインタビュアーに要領を説明する場面があるし、映画ができると出演した人々に見せて意見を聞き、その後監督二人が議論する場面で終わる。

この作品は冒頭に「シネマ・ヴェリテ」だと銘打っている。これはロシア・アヴァンギャルドの監督ジガ・ヴェルトフが自らの映画に宣言した「キノ・プラウダ（映画・真実）」の仏語訳である。彼の『カメラを持った男』（公開題『これがロシアだ』一九二九年）は、モスクワの一日を見せながらもそれを撮影するカメラマンや上映する人物も登場することから、そのようなメタ映画的な試みを踏襲したことを示した。

日本でも一九六六年、ＴＢＳテレビ系列で寺山修司が構成した『あなたは……』という番組があり、東京の街頭で「あなたは幸福ですか」を始めとする質問をする。現在では街頭での語りかけはテレビではもはや当たり前の光景となったため、『ある夏の記録』を見てもそれほど新鮮味はないかもしれない。しかし当時は「シネマ・ヴェリテ」という言葉と共にＮ・Ｖの一つの潮流として世界的に話題になった。ルーシュは『少しずつ』（一九七一年）でナイジェリア人にパリへの移民を演じさせるなど実験的な作品を作ると同時にアフリカの各地で映像を撮り続け、その分野は「映像人類学」と呼ばれるものになった。

私は彼がシネマテーク・フランセーズの館長だった一九八八年、七度目の来日時に会った。四谷三丁目にあったイメージフォーラムで実験映画を見た後、昼食で嬉しそうに天ぷらを平らげてしじみの味噌汁《みそしる》を最後まで飲んだ姿をよく覚えている。また歓迎パーティでは、戦前にパリで知り合った画家の岡本太郎と旧交を温めていた。

（5）クリス・マルケルの反体制

一九二一年にパリ郊外で生まれたクリス・マルケル（本名はクリスチャン・ブーシュ＝ヴィユヌーヴ）はさらに日本と縁が深い。マルケルで最も有名なのは短編ＳＦ『ラ・ジュテ』だが、新宿にはこの題名を店名としたバーがある。『不思議なクミコ』（一九六六年）は東京オリンピックに沸く東京で日本人の娘クミコを追いかけたドキュメンタリーだし、『サン・ソレイユ』（一九八二年）では日本とアフリカを行き来する。また黒澤明の『乱』のメイキングである『Ａ．Ｋ．ドキュメント黒澤明』（一九八五年）や沖縄戦のコンピューター・ゲームを作る『レベル5』（一九九六年）もある。彼の場合はヘルシンキ・オリンピックの記録映画に始まって、中国、ソ連、イスラエル、キューバ、アメリカ、ブラジル、チェコ、チリ、ドイツ、コソボなど世界中で撮影しているが、日本が偏愛の地であったことは間違いない。

マルケルの映画に一番近いのは『彫像もまた死す』を共同監督し、『夜と霧』では助監督に付いたレネかもしれない。つまりドキュメンタリーを基本に「編集」によって新しい世界を生み出す手法である。しかしレネと違って一般向けの映画は作らず、低予算で16ミリカメラを持って世界を駆けめぐり、膨大な数の映像を残した。その映像は数分のものから三〇分前後のもの、二時間を超すものなどさまざまだが、一般に上映しやすい一時間半から二時間の映画は少ない。

マルケルの基本にあるのは、レネ以上の反体制の姿勢である。『北京の日曜日』では共産主義国家になったばかりの中国の明るい日常を見せ、『シベリアからの手紙』では開発途上のシベリアを捉え、ソ連の官僚主義も写した。『ある闘いの記述』（一九六〇年）は建国一二年目のイスラエルの新しい集団生活を見せた。『キューバ・シー！』はキューバ革命から二年後のキューバをフィデル・カストロ議長へのインタビューも含めてカメラに収めた。これは『彫像もまた死す』と同様に上映禁止となった。

マルケルはその後、映像をさらに進化させる。翌年の『ラ・ジュテ』は第三次世界大戦後に地下で暮らす人々を、過去の記憶に取りつかれた主人公を中心に描いた。ありうる近未来を描いた大胆さと共に白黒のスチール写真を組み合わせるだけのシンプルな手法も注目された。

同じ年の『美しき五月』はアルジェリア戦争が終わった直後の五月のパリ、多くの人々へのインタビューを映像に残した。ルーシュの『ある夏の記録』と同時期の似た内容だが、こちらはより幅広い階級の人々にインタビューしている。共産主義に転向した司祭やアルジェリア出身でフランスに暮らす青年が登場するなど政治性が強い。アルジェリア戦争については何人もが触れている。『ある夏の記録』よりも対象から離れた客観的な映像だが、マルケルは「シネマ・ヴェリテ」という言葉を拒否し、「シネ・マ・ヴェリテ（映画は私の真実）」と述べている。

ナレーションをイヴ・モンタン、音楽をミシェル・ルグランがそれぞれ担当しているのも興味深いし、途中にはルーシュとモラン、レネ、リヴェット、ゴダールの姿も一瞬出てくる。

Ｎ・Ｖとの関係で言えば、『ベトナムから遠く離れて』（一九六七年）はマルケルの声かけで、レネ、ウィリアム・クライン、ヨリス・イヴェンス、ヴァルダ、クロード・ルルーシュ、ゴダールが参加したオムニバス映画である。この映画をきっかけにマルケルは製作会社ＳＬＯＮを立ちあげ、集団制作の政治的作品を残した。日本で公開された『サン・ソレイユ』と『アレクサンドルの墓　最後のボルシェヴィキ』（一九九三年）、『レベル５』は珍しく一時間半から二時間の作品だが、どれもさまざまな映像と音を組み合わせた複雑な構造を持つ。

マルケルは取材を受けず写真を撮らせないことで知られていた。私が一九九七年に東京都現代美術館の「ポンピドー・コレクション展」を担当したときに、出品作家としてパリで取材を申し込むと「インタビューは意味がないので、春のパリをお楽しみください」とファックスで返事が来た。

(6) 奇想天外なジャック・ロジエ

一九二六年にパリで生まれたロジエは、『カイエ』誌には批評を書いていないし、レネ、ヴァルダ、ドゥミ、マルケル、ルーシュのような「左岸派」とのつながりもない。ＩＤＨＥＣを出たロジエはテレビ番組に関わりながら、短編『新学期』と『ブルー・ジーンズ』を発表した。後者は一九五八年のトゥール短編映画祭に出品され、それを見ていたゴダールが『勝手にしやがれ』の成功後にプロデューサーのボールガールを紹介して、初長編『アデュー・フィリピーヌ』につながった。

『アデュー・フィリピーヌ』はN・Vの初期作品の中でも最もまとまりの悪い映画であるが、同時に一番生き生きしたリズムに溢れる映画でもある。兵役間近のミシェルはテレビ局のカメラ担当雑用係だが、毎日を思い付きで生きており、知り合ったジュリエットとリリアンヌの二人組もその日暮らし。テレビ局から追い出されたミシェルがコルシカ島にヴァカンスに行くと彼女たちも合流する。やがてミシェルには召集令状が来て、二人は見送ることになる。怠け者の三人の若者のどうでもいい話なのに、ミシェルが友人と集まったり家族で昼食を共にしたり、二人の娘がパリを放浪したりするシーンの自由さに驚く。初期のテレビ局の混乱する撮影風景を写した点でも興味深い。

さらに二人のイタリア人が抜群におかしい。パシャラはテレビCMのプロデューサーだが、とても会社を経営できるとは思えないほど間が抜けているし、三人がコルシカ島で会うオラシオはただ捨てられるだけの男だが、彼の仕草や歌がおかし過ぎて哀愁を呼ぶ。最後の出発のシーンで娘たちが走り出す抒情《じょじょう》の強さといったら。ロジエはこの作品がイタリアとの合作だったことから「ネオレアリズモに夢中だった私は映画にイタリア人をできるだけ出してイタリアらしさを出したかった」[*6]と述べている。ジュリエットを演じたステファニア・サバティーニもイタリア人だった。

この映画は冒頭に「一九六〇年　アルジェリア戦争六年目」とクレジットが出る以外はアルジェリア戦争に触れていない。しかし二七カ月半の兵役から帰った友人アンドレが気が抜けたような表情で口をつぐむ場面や、終盤に出発するミシェルの切羽詰まった目つきは、この戦争の恐怖を語る。全く政治的に見えないロジエの映画にも、レネ、ヴァルダ、ドゥミ、マルケル、ルーシュら「左岸派」と共通する政治的意識が感じられる。六〇年に大半が撮影されたが六二年のカンヌに出品して、劇場公開はその翌年だった。冒頭のクレジットは、アルジェリア戦争終結後の公開時に加えた。

ロジエはその後ゴダールの『軽蔑』のドキュメント映像を二本撮ったが、六〇年代の長編映画はこの一本のみだ。その後、『オルエットの方へ』（一九七三年）、『トルチュ島の遭難者たち』（一九七六年）、『メーヌ・オセアン』（一九八六年）、『フィフィ・マルタンガル』（二〇〇一年）と計五本の長編を残して二〇二三年に亡くなった。七〇年代以降の四本はさらに予想不可能な奇想天外な物語展開で、N・Vの監督でも特異な位置を占めた。なぜかすべての作品にヴァカンスが出てくるのだった。

二〇一六年四月にシネマテーク・フランセーズで俳優のピエール・リシャール特集があり、彼が主演の『トルチュ島の遭難者たち』が上映されたときにパリにいた私は見に行った。リシャールとロジエが上映前に対談をし、台詞が前日や当日に届いたことや演技が終わってもロジエが即興で自由に演じさせたこと、撮影前にスタッフやキャストでジャン・ルノワールの『フレンチ・カンカン』（一九五四年）を見てその自由な演技について議論したことなどを語った。

(7) そのほかの監督たち

一応N・Vの監督と分類されるが、今ではあまり知られていない数名についても触れておきたい。一九二〇年生まれのジャック・ドニオル＝ヴァルクローズは、一九五一年、アンドレ・バザンらと共に『カイエ・デュ・シネマ』を創刊した。『過労の人々』などの短編の後、ブロンベルジェ製作の『唇によだれ』で長編デビューした。南仏の豪華な城に亡くなった祖母の遺産をめぐって孫たちが集まり、使用人を含めて六人が繰り広げる室内恋愛劇だ。若者の生態を皮肉を込めて描く点ではN・Vらしい映画だが、これまで述べた監督たちに比べるといささか文学的過ぎて冒険や破綻がない。劇中にはセルジュ・ゲンズブールの歌が挿入される。この作品は日本でも公開されたが、その後の作品は多くが未公開。ドニオル＝ヴァルクローズは他監督の作品への出演もしており、その飄々《ひょうひょう》とした姿が、リヴェットの『王手飛車取り』や作家アラン・ロブ＝グリエの『不滅の女』（一九六二年）での主演で強い印象を残している。

一九三三年生まれのジャン＝ピエール・モッキーは、まず若手俳優としてデビューした。コクトーの『オルフェ』（一九五〇年）やイタリアのミケランジェロ・アントニオーニのオムニバス『敗北者たち』（一九五三年）などに俳優として出演した後、ジョルジュ・フランジュ監督の『壁にぶつかる頭』（一九五九年）の脚本を書き、主演した。

監督としての最初の長編は『今晩おひま？』で、女性を見つけるためにパリの夜をさまよう青年二人をロケで描き、大ヒットとなった。原題 Les dragueurs は「女漁《あさ》りの男たち」とも訳すべきで、この映画によって「海をさらえる、漁る」というフランス語の動詞 draguer が、女性に声をかける行為を指すようになった。新しい世代の若者たちのその日暮らしの生き方をユーモラスに描いたもので、世界中で公開され、日本ではまさにＮ・Ｖの一本として紹介された。

次の『あるカップル』（一九六〇年、未）は、作家のレイモン・クノーと共同で脚本を書き、結婚して三年の相思相愛の若い夫婦がすべてを打ち明け合っているうちに別れてしまう姿を描いた。著名な喜劇役者で歌手のフランシス・ブランシュを起用してカップルの周囲のさまざまな恋愛をシニカルにカリカチュアのように見せる手腕は、むしろ一九三〇年代のルネ・クレールなどを思わせる。モッキーはトリュフォーなどの「カイエ派」に近い存在で、この二作は彼らに評価されたが、その後は喜劇の名手としてブールヴィルやフェルナンデルなどの有名な俳優を使った大作も残した。ジャン＝ミシェル・フロドンは作家性を持つ喜劇監督としてジャック・タチに匹敵すると述べている。[*7]

タチの『ぼくの伯父さん』（一九五八年）の助監督から映画のキャリアを始めた一九二八年生まれのピエール・エテックスは、従来はN・Vには分類されないが、最近日本でも大半の作品の復元版が公開されてその自由な表現に評価は高まった。彼は一九六二年に初長編『恋する男』を撮り、タチと同様に自身が主人公だがタチ以上に幻想的な独自の美的世界を見せ、トリュフォーも高く評価した。『大恋愛』（一九六八年）での、主人公がベッドで秘書の女性に思いを馳《は》せると、ベッドが動き出して彼女を乗せて草原を走るまさに夢のようなシーンは、フランス映画史に残る名場面ではないか。

一九三三年生まれのフィリップ・ド・ブロカはシャブロルの『美しきセルジュ』など三本とトリュフォーの『大人は判ってくれない』の助監督を務めた後、シャブロルの製作で長編『恋愛ごっこ』（一九五九年、未）と『遊び人』（一九六〇年、未）を監督した。若い男性の気ままな生き方を描いたものだが、すでに演劇や映画で経験豊かなジャン＝ピエール・カッセルを主演に起用したこともあり、従来型の喜劇に終わった。ブロカは『リオの男』（一九六三年）や『カトマンズの男』（一九六五年）などジャン＝ポール・ベルモンド主演のヒット作を何本も残している。

一九二一年生まれのフランソワ・レシャンバックは、ブロンベルジェの製作でドキュメンタリー『アメリカの裏窓』（一九六〇年）を発表した。脚本にマルケルが参加し、音楽はミシェル・ルグランという「左岸派」の陣容で冒頭にジャン・コクトーによる紹介文が出てくる。マルケルが北京やシベリアを撮ったようなシニカルな視点でアメリカを見せて話題を呼び、日本を含む各地で公開された。彼はドキュメンタリーを撮り続けた。

そのほか一九六〇年前後に長編デビューした監督は、当時はN・Vに分類されることもあった。アラン・カヴァリエ（一九三二年生まれ）、クロード・ソーテ（一九二四年生まれ）、エドゥアール・モリナロ（一九二八年生まれ）、ミシェル・ドヴィル（一九三一年生まれ）などがそうである。彼らは後に中堅の監督となるが、この時期にまるでジャック・ベッケルやジャン＝ピエール・メルヴィルに連なるようなフランス製フィルム・ノワールを揃《そろ》って作っているのは興味深い。

ルイ・マルの『死刑台のエレベーター』などの助監督を務めたカヴァリエの初長編は、マル監修でジャン＝ルイ・トランティニャンが極右の秘密組織に属する主役を演じる『小島の決闘』（一九六二年、未）。アルジェリア戦争の影が色濃い作品でゴダールの『小さな兵隊』のトーンに近く、『勝手にしやがれ』に出てきたホテル・ドゥ・スエドが使われるのも興味深い。トランティニャンの恋人役はロミー・シュナイダーで、彼女を奪い合うのはトリュフォーの『突然炎のごとく』のアンリ・セール。カヴァリエは次の『さすらいの狼』（一九六四年）でもアルジェリア戦争を扱い、アラン・ドロンがフランス外人部隊の脱走兵を演じた。

ソーテの『墓場なき野郎ども』（一九六〇年）はリノ・ヴァンチュラを主人公にジャン＝ポール・ベルモンドを配し、指名手配された男の逃走劇を描く。ソーテはミシェル・ピコリとロミー・シュナイダー主演の『すぎ去りし日の…』（一九七〇年）以降は『夕なぎ』（一九七二年）など、一般受けのするヒット作を作り続けた。モリナロは『絶体絶命』（一九五八年）でデビューし、翌年、『殺られる』や『彼奴を殺せ』（共に一九五九年）などのギャングものを作った。『彼奴を殺せ』ではヴァンチュラが自らの殺人の証人を追う孤独な男を演じ、撮影はメルヴィルが起用したアンリ・ドゥカ。この監督は『Mr.レディMr.マダム』（一九七八年）が世界中でヒットした。ミシェル・ドゥヴィルはアンナ・カリーナ主演の若い男女の恋愛喜劇『今夜じゃなきゃダメ』（一九六一年、未）で単独デビューし、『ラッキー・ジョー』（一九六四年、未）ではエディ・コンスタンティーヌが演じる四人の強盗団のボスが、次第に仲間に裏切られてゆくさまを軽やかなタッチで見せる。こうしたN・Vの同世代で六〇年代にフィルム・ノワールを作り、七〇年代以降ヒット作を飛ばした一連の中堅監督たちの研究はこれからの課題だろう。

「左岸派」の監督たちは「カイエ派」に比べると政治的意識が高く、映画の中に反体制的な立場を覗かせた。その最たる存在は中国やソ連やイスラエルやキューバでドキュメンタリーを撮ったマルケルだが、レネの『ミュリエル』やヴァルダの『5時から7時までのクレオ』やドゥミの『シェルブールの雨傘』やロジエ（左岸派ではないが）の『アデュー・フィリピーヌ』にもアルジェリア戦争を批判する意識が感じられる。彼らがN・Vの「カイエ派」に比べてメジャーにならなかったのは、一番はゴダールやロメールやリヴェットほどの個性的な変貌を遂げなかったことにあるだろうが、その政治的な態度の表明ゆえでもあるのではないか。

フランスでN・Vが話題になり、観客を集めた期間は実は短い。一九五九年初めからブームが始まって多くの若い監督がデビューしたが、ド・ベックは、「一九六〇年秋からN・Vの観客動員数は減り始めた」と言い、その例として今では評価の高い四本を挙げている。[*8] シャブロルの『気のいい女たち』（一九六〇年）、トリュフォーの『ピアニストを撃て』、ゴダールの『カラビニエ』、ロジエの『アデュー・フィリピーヌ』。ほかに挙げるなら一九五九年に製作されながら六二年まで公開されなかったロメールの『獅子座』や、五八年から撮影されて六一年に公開されたリヴェット『パリはわれらのもの』、あるいはレネの『ミュリエル』だろう。それ以降は各監督がN・Vのイメージから少しずつ離れてそれぞれの道を歩むことになる。八四年に五二歳で亡くなったトリュフォーと九〇年に五九歳で亡くなったドゥミを除くと、N・Vの監督たちはほとんどが長命で半世紀にわたって映画を撮り続けている。

第五章
ポスト・ヌーヴェル・ヴァーグの監督たち

『ママと娼婦』（ジャン・ユスターシュ監督、1973年）　写真：Photofest/アフロ

(1) ジャン・ユスターシュの登場と死

N・Vの後継者としてまず名前が挙がるのは、一九三八年生まれのジャン・ユスターシュである。ボルドーワインで有名なフランス南西部のペサックに生まれ、電気工の資格を得て国鉄に入社するという道をたどったユスターシュは、一九五七年にパリに移り住む。『カイエ・デュ・シネマ』誌の秘書となるジャネット・ドゥロと結婚し、彼女のつてでジャン・ドゥーシェやエリック・ロメールと知り合い、彼らの短編の撮影に参加した。トリュフォーを除くとブルジョア出身でインテリ揃いの「カイエ派」には異色の存在だった。[*1]

最初に手がけた二本の中編『わるい仲間』(一九六三年)と『サンタクロースの眼は青い』(一九六六年)は、いずれも金のない若い男たちが女の子を探す日々を淡々とユーモラスに描いたもので、N・Vの初期作品を思わせる。後者ではユスターシュが少年時代を送った南仏の古都ナルボンヌを舞台に、ジャン=ピエール・レオーがサンタに扮《ふん》して客と写真を撮るアルバイトをする。そのバカバカしい青春の姿には、フェリーニ初期の傑作『青春群像』(一九五三年)を思わせる物悲しさが感じられる。この映画は当時ようやく始まった同時録音を採用しており、ゴダールからは『男性・女性』で余った未使用フィルムを融通されている。

その後、一見地味なドキュメンタリー作品を三本撮ったことは大きいのではないか。『ペサックの薔薇の乙女』（一九六八年）はペサックの年中行事である乙女の選出、中編『豚』（一九七〇年）は、南東部アルデシュ県の豚の解体や加工品作り、『ナンバー・ゼロ』（一九七一年）はペサックからパリに出てきた祖母の話だが、いずれもローカル色や方言が強い作品で、ひたすら対象を凝視する視線がまるでアメリカのドキュメンタリー監督、フレデリック・ワイズマンのようだ。

　この日常の観察が三時間四〇分の『ママと娼婦』（一九七三年）につながる。この作品はその年のカンヌで審査員特別賞を受賞し、高い評価を得た。ジャン＝ミシェル・フロドンは「フランスの最も美しい映画の一本で、おそらく五月革命後の精神状況をもっともよく捉えた作品」[*2]と書いている。

　物語は、年上の女に養ってもらっている青年がかつての恋人とよりを戻そうとし、さらに新しい恋人を見つけて自宅に連れ込んで年上の女と三人で暮らすというもの。単なるだらしない男の話なのに、ジャン＝ピエール・レオー演じる青年アレクサンドルを始めとする登場人物たちのいつ終わるとも知れない長大な台詞を聞いているうちにその渦に巻き込まれ、とんでもないことが起きているように思えてしまう。N・Vの映画の特徴の一つはナレーションも含めて言葉が多いことだが、本作はそれを究極まで推し進めている。終盤のフランソワーズ・ルブラン演じるヴェロニカの正面を向いた独白には震えてしまう。また映画監督の名前や作品名を始めとして音楽家、歌手、作家などの膨大な数の名前が出てくる。[*3] これまたN・Vの特徴の一つだが、これほどの引用は例を見ない。

ユスターシュの日常を映画にしたような内容だが、即興のように見える台詞はすべてユスターシュが事前に書き込んだものという。N・Vの華々しい活躍の時代には乗り遅れ、五月革命という政治の時代も過ぎ去った「遅れてきた青年」ユスターシュの世代の新たなリアリズムと言えよう。

次の『ぼくの小さな恋人たち』(一九七四年)は初のカラー作品で、再びナルボンヌを舞台に少年時代の恋の目覚めを抑制された語り口で描いた。もともとこちらを『ママと娼婦』より先に作る予定だったが、予算がかかるので後になった。[*4] しかしこの映画は商業的に失敗し、その後は長編劇映画を作ることはなかった。

その後の作品は映像と音の基本を改めて問いただすようなものが多く、とりわけ『不愉快な話』(一九七七年)は興味深い。35ミリで撮られた第一部(二七分)は、マイケル・ロンズデールの演じる男がカフェのトイレで覗きを始めた経緯を語り、ジャン・ドゥーシェ演じる監督と女たちが聞く。16ミリの第二部(二二分)はもともとこの話を考えたユスターシュの友人のジャン＝ノエル・ピックがほぼ同じ台詞を話し、ユスターシュやフランソワーズ・ルブランなどが聞く。ほぼ同じ台詞のフィクションとドキュメンタリーを続けて見せる試みで、彼が映画の新たな地平を探求していたことが窺《うかが》える。

その反復とズレの表現は同じ行事を一一年後に撮った『ペサックの薔薇の乙女79』（一九七九年）にも感じられるし、絵の解釈とそれを聞く者たちの『ヒエロニムス・ボスの《快楽の園》』や履歴書から人物を推測する『求人』（共に一九八〇年）、写真を解説する女とそれを聞く青年を見せる『アリックスの写真』（一九八一年）には、作品や人物と解釈のズレも生み出している。そしてユスターシュは八一年に自宅アパートでピストル自殺をする。

ユスターシュの映画はフランスでも上映される機会が少なかったが、ようやく二〇二三年に多くの作品が4Kデジタル復元版で日本を含む世界各地で上映された。彼に対する本格的な評価はこれからだろう。

(2) フィリップ・ガレルの孤独

ユスターシュを中継ぎとして、N・Vの監督たちの強い影響を受けた一〇歳以上若い監督たちが、一九六〇年代半ばから後半に現れた。「ポスト・ヌーヴェル・ヴァーグ」と呼ばれる彼らの中心的存在が、フィリップ・ガレル（一九四八年生まれ）である。彼には、冒頭に「ジャン・ユスターシュの思い出に」と献辞が出るテレビ用ドキュメンタリー『芸術の使命』（一九八七年、未）がある。

そこに出るのは、登場順にジャン＝ピエール・レオー（一九四四年生まれ）、ジャン・ユスターシュ、ジュリエット・ベルト（一九四七年生まれ）、シャンタル・アケルマン（一九五〇年生まれ）、ジャック・ドワイヨン（一九四四年生まれ）、ブノワ・ジャコ（一九四七年生まれ）、アンドレ・テシネ（一九四三年生まれ）、ヴェルナー・シュローター（一九四五年生まれ）、レオス・カラックス（一九六〇年生まれ）。この中でユスターシュのみはこの時点で世にいないので、一九六七年のインタビューを使っている。この中でレオーとベルトは俳優であり（ベルトは監督作もある）、シュローターはドイツ人だが、ほかは年長のユスターシュから下の世代のカラックスまでを含み、まさにフランスのポスト・N・Vの監督たちが揃った観がある。

ここではまずガレルから始めたい。『芸術の使命』を見ればわかるが、彼らは饒舌《じょうぜつ》なN・Vの監督たちに比べると静かだ。アケルマンを除くとみんなぼそぼそと話していてあまり聞き取れないが、全員がゴダールの影響を強く受けたのは言葉の端々から感じられる。ゴダールは六〇年代半ばから作品は政治的に過激になり、物語は断片化してゆく。ポスト・N・Vの監督たちはその変貌を正面から引き受けて、それぞれが孤独な道を歩み始める。

ユスターシュより一〇歳若いフィリップ・ガレルは、ロジエの『アデュー・フィリピーヌ』などN・V世代の監督たちの映画に主に脇役で出ていたモーリス・ガレルの息子である。最初の短編『調子の狂った子供たち』（一九六四年、未）は一六歳のときの作品で、高校生の男女が家出をする。二人の無軌道な生き方が動き回るカメラに収められ、モーリス・ガレル演じる娘の父親や高校の先生がインタビューのようにコメントをする場面もある。最後に少年が死んでしまう結末も含めて、その後のガレル作品を予言するような内容である。この映画では父親が出てくるが、その後は本人のほか、恋人のニコや妻のブリジット・シーや息子のルイ・ガレルも出演する。またこの作品もそうだが、ガレル作品の主人公の年齢は監督自身のそれに近く、後に息子の世代となる。

初長編の『記憶すべきマリー』（一九六七年）は結婚相談所で知り合ったカップルを描く。マリーはジェズ（フランス語で「イエス」の意味。マリーは聖母マリアのこと）の子供を宿すが、マリーの母は堕胎させようとし、ジェズは逃げる。社会から隔絶された二人の孤独を淡々と描いた作品である。この映画まではいわば思春期の試作だが、次作以降のガレルの映画は一般の観客を拒絶するような作品が続く。

『現像液』（一九六八年）以降の実験的な作品は、ジャッキー・レイナルやベルナデット・ラフォンらと作ったグループ「ザンジバル」が製作し、先鋭的な芸術家にお金を出していた富豪のシルヴィナ・ボワソナスの出資を受けた。『処女の寝台』（一九六九年）で音楽を依頼したニコはアメリカのアンディ・ウォーホルがデビューを手伝ったバンド「ヴェルヴェット・アンダーグラウンド」にヴォーカルとして一時参加した。ニコと恋に落ちたガレルは彼女を主演に『内なる傷痕』（一九七二年）を撮る。これは米国ニューメキシコ州、アイスランド、エジプトなどで撮影した人間の根源を問うような作品で、シネマテーク・フランセーズ館長のアンリ・ラングロワが激賞した。『孤高』（一九七四年）はゴダールの『勝手にしやがれ』の撮影から一五年後、三五歳のジーン・セバーグの孤独な日々を白黒の無声で見せた。この時期の作品は映画祭出品後公開されなかったり、数年後に限定的に公開されたりした。『孤高』は日本では二〇〇二年に公開された。

ガレルの作品に物語が見られるのは、それまで一人で書いていた脚本に監修としてベテランのアネット・ワドマンが加わった『秘密の子供』（一九七九年）からである。ゴダールの妻で何本も主演していたアンヌ・ヴィアゼムスキー演じるエリーが、映画監督のジャン＝バチストと暮らす話だが、エリーには連れ子がいて悩むジャン＝バチストが麻薬に溺れるなど、まるでガレルとニコの関係を思わせる。この映画のフランスでの公開は八三年となった。

日本で彼の映画が映画館で最初に公開されたのは『自由、夜』（一九八四年）で一九九〇年だった。監督の父親モーリス・ガレルを主演に、アルジェリア戦争の時代を描いた。その後も白黒を中心に、亡くなったニコとの日々を描く『ギターはもう聞こえない』（一九九一年）やカトリーヌ・ドヌーヴ主演の『夜風の匂い』（一九九九年）のようなカラー作品も制作している。二〇〇五年には息子のルイ・ガレルを主演に『恋人たちの失われた革命』で一九六八年の五月革命の時代を描き、ヴェネツィアで銀獅子賞を得た。私はこの映画の日本公開時に監督が来日した際の講演を聞いたが、デジタルでの撮影を否定し、他人から余ったフィルムをもらってでも35ミリで撮る重要性を力説していた頑固な姿が印象に残っている。[*5]

(3) アケルマンのフェミニズム

シャンタル・アケルマンは、ユスターシュやガレルの映画と共通するような社会に対する徹底的な孤独を見せる。一番の違いは自分が女性であることを映画の中心に据えたことで、男性からセックスを迫られたり、売春をしたり、女性同士で愛し合ったり、母との関係に悩んだりという、強くフェミニズムを感じさせる作品を残した。

ゴダールの『気狂いピエロ』に強い影響を受けたという彼女は、初短編『街をぶっ飛ばせ』(一九六八年)で自らが部屋の中でガス爆発を起こして自殺する姿を演じる。初長編の『私、あなた、彼、彼女』(一九七四年)でも自らを主人公として、たった一人で部屋で何日も過ごし、外に出ると偶然に出会ったトラックの運転手と行動を共にし、女友だちと愛を交わす。全体につぶやきのようなモノローグが流れ、孤独感をかき立てる。カメラは固定でほとんど動かない。

『ジャンヌ・ディエルマン　ブリュッセル1080、コメルス河畔通り23番地』(一九七五年)は三時間二〇分、思春期の息子と二人で暮らすシングルマザーを三日間追う。彼女は昼間に自宅で売春をしており、男たちが訪ねて来てはお金を置いて去る。演じるのは『去年マリエンバートで』など前衛的な作品への出演が多いデルフィーヌ・セイリグで、ほとんど沈黙のままに売春も夕食の準備も息子との食事も繰り返し、固定ショットを多用して「退屈」や「倦怠《けんたい》」そのものがテーマのように見せる。そして最後の思いがけない結末に至る。

『家からの手紙』（一九七六年）ではニューヨークの寒々とした光景を見せながら、母からの手紙を自らの声で読みあげた。社会とそこに生きる人間への凝視は、『一晩中』（一九八二年）でブリュッセルの夜の何組もの男女を見せるときも、『東から』（一九八三年）で旧東欧の国々の日常を一切の説明なしに見せるときも変わらない。

『アンナの出会い』（一九七八年）は自分の映画の上映のために欧州各地を回る女性監督を主人公にした自伝的作品。上映担当者との出会い、友人との再会、ブリュッセルでの母との再会、パリでたまに会う恋人との日々を淡々と描き、その奥にある空虚な時空間を見せた。『アメリカン・ストーリーズ／食事・家族・哲学』（一九八九年）では、ニューヨークのユダヤ人たちが自らの人生を語る形にフィクションが加わって、アケルマン自身のユダヤ人という出自を見つめた。

『囚われの女』（二〇〇〇年）ではマルセル・プルースト、『オルメイヤーの阿房宮』（二〇一一年）ではジョゼフ・コンラッドの小説を映画化した。共に主人公を演じたのはスタニスラス・

メラールだが、彼が演じる男性の思いをよそに自分の生き方を模索する女性をくっきりと描き、ロマネスクな世界を構築する手腕を見せた。

遺作は母との最後の日々を描く日記調の『ノー・ホーム・ムーヴィー』（二〇一五年）。最近になって彼女の主要作品がデジタル復元版で日本を含む世界各地で公開されたこともあり、『ジャンヌ・ディエルマン』は二〇二二年末に英国の『サイト&サウンド』誌の映画評論家が選ぶ世界映画史上のベストワンに選ばれた。この監督の評価はポスト・N・Vという枠を超えて、意識的なフェミニスト監督のパイオニアの一人として今後さらに高まるのだろう。

(4) ドワイヨンの自由

パリ生まれのジャック・ドワイヨンは一九六〇年代末から短編ドキュメンタリーを数本作り、『西暦01年』（一九七三年）で長編デビューした。これは漫画家ジェベの依頼によるもので、彼が漫画で描いた「すべてをやめよう」というアナーキーな運動の世界を映画化した一種のフェイク・ドキュメンタリー。五月革命で頓挫した世直しを空想したもので、現代文明へのユーモア溢れる批判が楽しい。ジェベに賛同したジェラール・ドパルデューやダニエル・オートゥイユ、コリューシュ、ミュウ・ミュウなどの俳優の顔も見られる。「左岸派」のアラン・レネがニューヨーク、ジャン・ルーシュがナイジェリアのシーンを監督しているため、彼らとの共同監督と表記されることもある。

この映画は漫画家の企画ではあるが、その後の映画でも自由な生き方を探す人々を描き出すドワイヨンの姿勢は続く。『頭の中の指』（一九七四年）は、一九歳のパン屋見習いの青年が雇い主に抵抗する闘いと恋愛を三人の男女で爽やかに描く。インテリとは程遠い二〇歳前後の労働者たちの姿をこれほど鮮烈に見せたフランス映画は新しく、トリュフォーは「個人的な感情と社会的なテーマがジャン・ルノワールの『トニ』の場合のように見事に自然にさりげなく調和して嚙《か》みあっている」と激賞した。[*6] ドワイヨンはユスターシュやガレルやアケルマンのように、五月革命後の孤独に生き方を模索する人々ではなく、その後に現れた普通の人々のしなやかな姿を描き続ける。

とりわけ、未成年者の描写には力を発揮する。次の『小さな赤いビー玉』（一九七五年）はドイツ占領下のフランスで、何とか生き延びようとする若いユダヤ人兄弟を描き、『あばずれ女』（一九七九年）は二〇歳の青年が一一歳の少女を誘拐して奇妙な共同生活を送る日々をミニマルに見せた。本国で最も評価の高い『ピストルと少年』（一九九〇年）は、南仏を舞台に中学生が姉を探して警官を人質に取ってしまう話を緊迫した画面で見せた。主人公は学校もサボるいわゆる不良少年だが、その愛すべき人柄に警官まで騙《だま》されてしまう。この映画はルイ・デリュック賞とベルリンの国際批評家連盟賞を得た。また日本でヒットした『ポネット』（一九九六年）

は、母親を亡くした四歳の少女が父や叔母の助けを借りながら喪失感を乗り越えてゆく姿を描き、主演のヴィクトワール・ティヴィソルはヴェネツィアで最優秀主演女優賞を五歳で受賞した。

一方でドワイヨンは『ラ・ピラート』（一九八四年）のような、男女五人の同性愛も含む恋愛劇も残している。当時ドワイヨンと交際していたジェーン・バーキンが主演で、彼女の実兄アンドリュー・バーキン演じる夫と元恋人の女性役のマルーシュカ・デートメルスの間を揺れ動き、そこに謎の少女や夫が雇った男が介入する。登場人物たちの名状しがたい感情のほとばしりが画面を覆うと同時に全体がフィルム・ノワールのようなサスペンスに満ちた怪作である。この映画でもロール・マルサック演じる少女が重要な役割を果たしている。

ドワイヨンは二〇〇八年に来日したときに間近で見たが、ちょっと挙動不審のような、しかし人の良さそうな中年の雰囲気を周囲に振りまいていた。

（5）テシネ、ジャコからカラックスへ

アンドレ・テシネはリヴェットが『カイエ』編集長だった時代に批評家として書き始め、リヴェットの『狂気の愛』の助監督の後、『去りゆくポリーナ』（一九六九年、未）で長編デビューした。ビュル・オジエを主演に目的を失った若者たちを前衛劇のように描いたこの作品が劇場

公開されるのは、二作目の『フランスでの思い出』が封切られた一九七五年だった。

『フランスでの思い出』でテシネは、フランス南西部の工場を経営する一家の一九三〇年代から七〇年代をノスタルジックで優雅に描く。一見古めかしい映画のように見えるが、ジャンヌ・モローを中心に印象的なショットを連ねながら時代をつなぐ新しい語りを見せた。『ブロンテ姉妹』（一九七九年）ではマリー＝フランス・ピジエ、イザベル・アジャーニ、イザベル・ユペールの三姉妹よりも、弟役のパスカル・グレゴリーが全体を引っ張る構成で、象徴的なショットを多用してロマネスクな世界を打ち立てた。カトリーヌ・ドヌーヴ主演の『海辺のホテルにて』（一九八一年）やジュリエット・ビノシュ初主演作『ランデヴー』（一九八五年）などの現代劇では、彼のロマネスク指向がどこか弱いようだ。

批評家から始まったテシネが「カイエ派」の直系だとすると、ブノワ・ジャコは「左岸派」に近い。実際デュラスの助監督もしており、精神分析家のジャック・ラカンのドキュメンタリーも作るインテリだ。彼の長編デビューは『人殺しの音楽家』（一九七五年、未）で、助監督を務めたロベール・ブレッソンの映画を思わせる孤独な青年をミニマリズムで描いた。

この路線が変わるのは『デザンシャンテ』（一九九〇年）からで、ジュディット・ゴドレーシュ演じる一七歳の娘が本能の赴くままに男たちを振り回すさまを軽快に描き、初期のトリュフォーの映画に似た鮮烈な印象を残した。若い女性の予知しがたい心理や行動を描くのはヴィルジニー・ルドワイヤン主演の『シングル・ガール』（一九九五年）やイジルド・ル・ベスコ主演の『いつか会える』（二〇〇四年）、レア・セドゥ主演の『マリー・アントワネットに別れをつげて』（二〇一二年）などに続く。『シングル・ガール』は映画の上映と同じ時間経過で、妊娠した娘の行動を描いたことでも注目された。

ガレルの『芸術の使命』に一番最後に出てくるのがレオス・カラックスで、彼だけがほかのポスト・N・Vの監督より一〇歳以上若い。一〇センチを超す分厚いシナリオ（たぶん『ポンヌフの恋人』）を抱えて歩く姿が印象に残る。一般的には一九八〇年代前半に出てきた「映像派」監督としてジャン＝ジャック・ベネックス（一九四六年生まれ）やリュック・ベッソン（一九五九年生まれ）と「ＢＢＣ」という呼び方で括《くく》られるが、カラックスだけが選ばれたのは、その作品に映画的記憶が溢れているからだろう。

最初の長編『ボーイ・ミーツ・ガール』（一九八四年）は白黒で、サイレント映画に出る芸人のようなドニ・ラヴァンが主人公アレックスを演じており、その凝った映像はゴダールやデヴィッド・ワーク・グリフィスなどさまざまな監督のシーンを思わせる。ドニ・ラヴァンはこの作品内で「映画監督」と自らを語るが、カラックスの分身のような存在としてその後も彼の映画に出演を続ける。また実質上の映画デビューとなったミレイユ・ペリエが歌ったり踊ったりするシーンは無声映画のスターのように輝く。この作品から『ポンヌフの恋人』（一九九一年）

までの「アレックス三部作」のプロデューサーはアケルマンの多くの作品を手がけたアラン・ダアンである。

『汚れた血』（一九八六年）はフィルム・ノワールの形を借りながら、エイズ時代の恋愛を描く。ここではラヴァンに加えてジュリー・デルピーとジュリエット・ビノシュの二人が、限りなく魅力的な姿を見せる。さらにビノシュの恋人としてミシェル・ピコリが大きな存在感を示す。ラヴァン、ビノシュ、ピコリがヘリコプターからパラシュートで飛び降りるシーンは忘れられない。次にカラックスは予算オーバーで何度も撮影が中止となりながらも『ポンヌフの恋人』を作りあげた。これはパリのポンヌフという橋で暮らすホームレスを演じるドニ・ラヴァンと、失恋に加え失明の危機にある画学生役のジュリエット・ビノシュの奇跡的な愛を、フランス革命二〇〇年祭の喧騒《けんそう》と花火の中で描く力業である。

その後も寡作だが作品を作り続け、最新作の『アネット』（二〇二一年）に至るまで絶えず映画とは何かを問いただしている。私はオムニバス映画『TOKYO!』（二〇〇八年）の「メルド」の渋谷での撮影を見に行ったが、その孤高の姿はとても声をかけられる雰囲気ではなかった。

（6）ピアラたちの遅いデビュー

ガレルの『芸術の使命』には出てこないが、ポスト・N・Vの監督として名前が挙がる監督はまだ何人かいる。モーリス・ピアラはその代表だろう。実は一九二五年生まれでゴダールやトリュフォーよりも年上だ。五〇年代から短編を撮り続けたが、トリュフォーらのプロデュースで初長編『裸の幼年時代』を撮ったのは一九六八年、四三歳のときだった。この作品は両親に捨てられて福祉施設から別の家庭に預けられた少年フランソワの日々を描く。少年の生きづらさは、トリュフォーの『大人は判ってくれない』がロマンチックにさえ見えるほど過酷であり、受け入れ家族や周囲の優しさによっても越えがたいものとして示される。

人生が厳しさに満ちたものだという世界観はその後の作品でも続く。『一緒に老けるわけじゃない』（一九七二年）では、数年来の愛人と別れては和解する中年の映画監督を描く。男はそのまま続くと考えているが、女は去ってゆく。主人公を演じたジャン・ヤンはカンヌで最優秀主演男優賞を取り、フランスでは一七〇万人以上を動員する大ヒットとなった。『愛の記念に』（一九八三年）は新人サンドリーヌ・ボネールを起用して、モラルなしに奔放なセックスに身を任せる一六歳の少女を生き生きと描き出した。彼女の両親は不和で家庭環境は最悪だが、その中で何とか彼女なりの生き方を見つけ出す。そのきっかけとなる父親はピアラ自身が演じた。『悪魔の陽の下に』（一九八七年）はボネールがまた奔放な女性を演じるが、ジェラール・ドパルデュー演じる真面目過ぎて悩める司祭は彼女のせいで冤罪《えんざい》をかけられてしまう。過剰な行動に出る司祭を優しく見守る上司をピアラが演じた。ジョルジュ・ベルナノスが一九二六年に書いた同名小説が原作で、カンヌでパルムドールを受賞してフランスで八〇万人を超す観客を動員した。

『ヴァン・ゴッホ』（一九九一年）はゴッホの最後の二カ月余りを描く。もともと画家を目指していたピアラは一九六五年に『ヴァン・ゴッホ』という六分余りの短編を作っており、そこでは最後の二カ月で集中的に約一〇〇点の絵を描いたことが語られている。ところが九一年の映画でジャック・デュトロンク演じるゴッホが絵を描く姿はあまり出てこないし、絵自体も数点しか映らない。その代わりに南仏のオーヴェール村で出会う人々やパリから会いに来る弟夫妻とゴッホとの静かな交流を描く。その静謐《せいひつ》の奥に潜む狂気をほんの少しだけ見せるが、この抑制が全体を輝かせている。ピアラは普通の人間には理解できないような人間の暗黒面を静かに見つめる。これもまた一つのリアリズムの方向だろう。

N・V世代よりほんの少し下のジャン＝マリー・ストローブ（一九三三年生まれ）とダニエル・ユイレ（一九三六年生まれ）の夫婦にもここで触れたい。ストローブはリヴェットの短編『王手飛車取り』で助監督を務めた後に兵役を拒否して西ドイツに逃れ、同行したユイレと共同監督で『アンナ・マグダレーナ・バッハの日記』（一九六七年）を筆頭に、ドイツやイタリアを中心に多くの作品を残した。彼らの最初の短編『マホルカ＝ムフ』（一九六二年）がドイツのハインリッヒ・ベルの小説を原作としたように、彼らは基本的に文学、戯曲、音楽を原作とし、固定カメラのロングショットで対象を見せることで、言葉や世界の物質性を露《あらわ》にしながら映画という制度の虚構を写し出した。その独自のスタイルは、後に述べる「ニュー・ジャーマン・シネマ」に影響を与えたと同時に、日本を含む各地で信奉者を生んだ。

同じ世代のジェラール・ブランにも注目したい。一九三〇年に生まれ、俳優としてトリュフォーの短編『あこがれ』、シャブロルの最初の二本『美しきセルジュ』と『いとこ同志』などに主演しているが、一〇本の監督作品は日本ではほぼ知られていない。彼は一九七一年に『友達』(未)で監督デビューした。初期の代表作とされる『群衆の中の子供』(一九七六年、未)は、ドイツ占領下から戦後にかけてのパリで不遇な少年時代を送ったブランの自伝的作品で、変貌する社会に翻弄された少年が何とか生きてゆく姿を無駄のない映像で見せる。映画は少年が『天井桟敷の人々』にエキストラとして参加する決意をして歩き出し、ブラン演じる大人に煙草《たばこ》の火を貸す場面で終わる。まるでトリュフォーの『大人は判ってくれない』をイタリアのネオレアリズモの美学で作ったような作品で、奥行きの深い画面と抑制された表現は監督としての力量を十分に示している。

またN・V世代よりも年長で、著名な小説家でありながら後に映画の監督もしたマルグリット・デュラス(一九一四年生まれ)とアラン・ロブ゠グリエ(一九二二年生まれ)について改めて触れておきたい。前述の通り、彼らはまず、アラン・レネ監督の初期作品の脚本家として映画に参加した。

『二十四時間の情事』の脚本を書いたデュラスは、その後も『かくも長き不在』（一九六一年、アンリ・コルピ監督）など自分の小説が数点映画化された。初めての監督作品は一九六五年に書いた戯曲『ラ・ミュジカ』で、二年後にポール・セバンとの共同監督で公開した。代表作の『インディア・ソング』（一九七四年）も一九六五年に出した小説『ラホールの副領事』を元に、七三年に戯曲化した後、映画にした。中条省平は「自分の映画と小説をふかく関係づけた芸術家は、映画史上、マルグリット・デュラスのほかには存在しません」と書く。[*7] レネの『去年マリエンバートで』や『ミュリエル』で主役を演じたデルフィーヌ・セイリグを起用した『インディア・ソング』では、女性のモノローグで音と映像を任意に組み合わせ、『トラック』（一九七七年）は、走るトラックの映像の合間にデュラス自身がシナリオを読みながら、俳優のジェラール・ドパルデューと語る室内場面が出てくるという異例の構成である。

『去年マリエンバートで』で脚本を担当したロブ゠グリエは、『不滅の女』で主人公のNに『唇によだれ』などで知られるN・Vの監督、ジャック・ドニオル゠ヴァルクローズを起用した。この作品は、Nがイスタンブールで出会って惹かれた女性Lが事故で亡くなるが、再び現れるというもの。死んだ人間が再び現れたのか、男の記憶に誤りがあるのかがわからない状況は『去年マリエンバートで』以来のロブ＝グリエの映画の特徴で、『ヨーロッパ横断特急』（一九六六年）ではこれに監督のロブ＝グリエ本人が時々出て来て、映画の内容を議論し、主人公を演じるトランティニャンと話したりするので、さらに混乱は増す。『嘘をつく男』（一九六八年）では冒頭で殺された男が立ちあがって自分について語り出す。ドイツ占領下のレジスタンス運動を背景にした物語は入り組んでおり、英雄と裏切者が反転する。

カラーになった『エデン、その後』（一九七〇年）からは、同時期のイタリアのミケランジェロ・アントニオーニを思わせるような原色を使った抽象的な空間造形と不条理な人間関係が始まる。加えてこの監督独特のエログロ趣味も見られる。彼の生前に日本で唯一劇場公開された『囚われの美女』（一九八三年）はルネ・マグリットの同名の絵画をモチーフにしながら、美女の殺人事件を追うフィルム・ノワールやドラキュラ映画をメタ次元で作り直したような作品だ。一九八五年にロブ＝グリエが来日したときこの作品が特別上映され、その後のQ＆Aで私はなぜか「小津安二郎の映画は好きですか」と聞いたのだが、「この映画を見たら、小津には関心がないことがわかるでしょう」と言われたことを覚えている。

デュラスもロブ＝グリエも多くの長編を監督しているが、とても小説家や劇作家の余技には収まらない本質的な革新性を見せている。レネとの仕事から彼らの映画への関わりは始まったが、そうでなくてもN・Vの存在があって彼らが生まれたのは間違いない。

最後に写真家としてキャリアを始め、七〇年代から長編ドキュメンタリーや劇映画も手がけているレイモン・ドゥパルドン（一九四二年生まれ）に触れておきたい。一九七四年に大統領選挙中のジスカール・デスタンを追いかけた『1974年、選挙キャンペーン』が初長編で、それ以降、精神科病院、警察署、急患窓口、裁判所などの「閉ざされた場所」を自らの撮影で録音技師の妻と共に追いかけた。自分でナレーションを務め、登場人物に話しかける。三本の劇映画でも手法は変わらず、『空虚な場所　アフリカの女』（一九八五年、未）では自分が愛した女がアフリカを旅するさまを自らのナレーションで見せる。日本でも公開された『モダン・ライフ』（二〇〇八年）や『レイモン・ドゥパルドンのフランス日記』（二〇一二年）は忘れ去られたようなフランスの田舎の日常を淡々と見せてゆく。

考えてみると、ポスト・N・Vの監督は自身が自分の作品に出ることが多い。ユスターシュ、ガレル、アケルマン、ドワイヨン、ピアラ、ブラン、デュラス、ロブ＝グリエなどがそうだし、出ていない場合も自伝的内容が多い。この極私的世界の構築は、一方でこの世代が社会に対峙してきたことを示す。N・Vの「カイエ派」はゴダールを除くと政治的な主張はないし、「左岸派」も正面切っての社会的な訴えは少ない。しかし六〇年代半ばから七〇年代初頭に出てきたポスト・N・Vの監督たちの多くは若くして「五月革命」を経験し、社会、政府、資本主義、映画を含むメディアなどの「制度」に対する根源的な反発を抱きながら映画を作っていたように思える。
フランスのＮ・Ｖの起源からその後に続くポスト・Ｎ・Ｖの映画を見てゆくと、結局Ｎ・Ｖの精神とは、「自分の生きている時代の真実を見せる」ということに集約されるのではないだろうか。戦争などによって時代が変わり、これまでの映画が今の自分の世界を表していないと感じた若い映画監督が、新しいリアリティを構築する。そのためにこれまでにない撮り方や演出や展開を開発する。その意味ではＮ・Ｖの精神を持った映画はフランスに限らず、世界各地に存在すると言えるだろう。あるいは、時代をも問わないのではないか。次章からはそれを見てゆく。

なお、ポスト・Ｎ・Ｖの監督のうち、フィリップ・ガレル、ブノワ・ジャコ、ジャック・ドワイヨン、アンドレ・テシネは、二〇二三年から二四年にかけて過去のセクハラで告発された。もちろんこれらは#ＭｅＴｏｏの流れの中で出てきたものだが、すべて故人となったＮ・Ｖの監督たちと違って、彼らは八〇歳前後で存命であるため強い非難を受けている。フランスでは該当する作品は上映も難しい状態にあり、これらの作品の評価を見直す評論家も出ている。私は作品の評価まで否定すべきだとは思わないが、Ｎ・Ｖの強い影響下に育ったこの世代に、社会と敵対して孤独を守り、時に男性優位的な考えがあったことは事実かもしれない。

第六章
日本における
ヌーヴェル・ヴァーグ

『狂った果実』（中平康監督、1956年）　©日活

（1）ヌーヴェル・ヴァーグという言葉

一九五九年五月のカンヌをきっかけにフランスから広がった「ヌーヴェル・ヴァーグ」という言葉は、日本ではいつから知られるようになったのだろうか。メディアでは一九五九年七月一一日『読売新聞』夕刊五面の「娯楽土曜特集」が最初ではないか。「フランスの〝ヌーベル・バーグ〟新しい波」という大見出しに「映画地図をぬりかえる新人監督」「〝前の時代〟から区別」「精神的若さを押し出す」「老大家にもかみつく」「勇しい言動・宣伝もカタ破り」といった小見出しで、以下のように始まる。

　いまフランスではやっている「ヌーベル・バーグ」（新しい波）という言葉。これは世代の交代を、寄せてはかえす波にたとえて、さいきん現われた一群の若い映画人たちの呼び名となった。彼らは若いから、その作品も言動も思い切ったものが多い。以下は、フランスの映画地図を大きくぬりかえはじめたヌーベル・バーグの話題あれこれである。

ちなみに当時の新聞では「ヴ」の表記は用いなかった。具体的に挙げられている監督は、「この七日ベルリン映画祭で最優秀作品賞を獲得した『いとこ同志』のクロード・シャブロール、『絶体絶命』につづいて『殺（や）られる』を作ったエドワール・モリナロ、『恋人たち』につづいて第三作『自由』を製作中の二十六歳のルイ・マル、処女作『大人は判ってくれない』で一躍カンヌ映画祭監督賞を受けた二十八歳のトリュフォー、おなじく『今晩おひま?』でデビューしたジャン・ピエール・モッキー」である。この時点ではゴダールもリヴェットもロメールもまだ第一回長編を準備中なので、ほぼ妥当な人選だろう。また同じ夕刊には公開が近いマルの『死刑台のエレベーター』も大きく紹介されている。

『朝日新聞』や『毎日新聞』は少し遅れるが、五九年末から六〇年初めまでに紹介されている。映画雑誌では『キネマ旬報』が五九年九月下旬号の『いとこ同志』公開の特集で、仏文学者で評論家の渡辺淳が「《ヌーヴェル・ヴァーグ》とシャブロル」という文章でシャブロルを中心に詳細に紹介している。また六〇年四月下旬号では「連続座談会『世界映画の流れ』」の第一回で「ヌーヴェル・ヴァーグ」が取りあげられており、編集部の岡田晋《すすむ》の司会で岩崎昶《あきら》、植草甚一、羽《は》仁進《にすすむ》の三人が七頁にわたって論じている。岡田晋は『映画評論』六〇年五月号では「ヌーヴェル・ヴァーグとはなにか―映画による現代の体験―」と題して、一二頁の長文を寄せている。

以下は当時のN・V作品の日本公開時期である。

一九五八年九月『死刑台のエレベーター』
一九五九年四月『恋人たち』
一九五九年六月『二十四時間の情事』
一九五九年七月『殺られる』
一九五九年十月『いとこ同志』『今晩おひま?』
一九六〇年三月『勝手にしやがれ』『大人は判ってくれない』
一九六〇年五月『二重の鍵』

つまり一九五八年から徐々に公開されて六〇年三月の『勝手にしやがれ』と『大人は判ってくれない』の公開で決定的に知れ渡ったというべきだろう。この二本の批評や紹介には新聞も雑誌も必ずと言っていいほど「ヌーヴェル・ヴァーグ」か「ヌーベル・バーグ」を用いている。五九年に公開された映画には、ほとんど使われていない。

六〇年七月一五日の『読売新聞』には『別冊アサヒ芸能』の広告で「ヌーベル・バーグ小説特集」として大藪《おおやぶ》春彦らの小説が紹介されているし、七月二五日付の同紙では「学会のヌーベル・バーグ」と題したコラムで日本教育学会の理事に若手学者が多数就任したことを書いている。つまり六〇年夏ごろには、この言葉は一般名詞として「新しい波」を表すことが定着したと言えるだろう。

（2）日本のN・V

大島渚（一九三二年生まれ）、吉田喜重《よししげ》（一九三三年生まれ）、篠田正浩（一九三一年生まれ）はフランスのN・Vとほぼ同世代で、現代では彼らを指す「松竹ヌーヴェル・ヴァーグ」という言葉が知られているが、この言葉はいつごろから定着したのだろうか。『映画芸術』では一九六〇年四月号で「特集・おこれ！日本映画の『若い怒濤《わかなみ》』」と銘打って、一八頁の大特集を組んでいる。筆者は評論家の荻昌弘《おぎ》と尾崎宏次《ひろつぐ》、瓜生忠夫《うりゅうただお》、監督の中平康《なかひらこう》、増村保造《やすぞう》、井上和男、須川栄三、脚本家の寺田信義、哲学者の福田定良《さだよし》である。『映画評論』同年五月号では高橋治と大島渚（松竹）、須川栄三（東宝）、飯塚増一（東映）、蔵原惟繕《くらはらこれよし》（日活）の座談会が「未来はわれらのもの」と題して行われ、『キネマ旬報』六月上旬号では小倉真実《しんび》の「日本映画の二十代監督」という評論に加えて、彼の司会による池田博（松竹）と大島渚、舛田《ますだ》利雄と山内亮一（日活）、須川栄三、小林悟（新東宝）、島津昇一（東映）の座談会が掲載されている。つまりこの時点では大手各社の若手監督たちが「日本のN・V」として想定されていたことがわかる。

蔵原惟繕（一九二七年生まれ）は一九五七年一〇月に『俺は待ってるぜ』、須川栄三（一九三〇年生まれ）は五八年一一月に『大人には分らない　青春白書』、大島渚は一九五九年一一月に

『愛と希望の街』、高橋治（一九二九年生まれ）は六〇年二月に『彼女だけが知っている』でそれぞれ初監督をし、三〇歳前後でデビューしていた。

『キネマ旬報』六〇年八月上旬号には「大島渚・吉田喜重　現代が生んだ二人の監督」という八頁の特集が出て、福田定良、井沢淳《じゅん》、岡田晋の評論と共に、二人の監督の対談が収録されている。これは六月三日に公開された大島渚の第二作『青春残酷物語』と七月六日公開の吉田喜重の第一作『ろくでなし』が小規模ながらヒットしたことが大きい。さらにこれは岡田晋の文章でも二人の対談でも触れられているが、新日米安全保障条約が五月一九日に衆議院で強行採決されて国会前で大規模なデモが始まり、機動隊が配備されて樺《かんば》美智子さんが死亡する六月一五日を挟んで公開されたことも大きい。大島渚は語る。

六、七月にわたって僕と吉田君が出た。ちょうど日本は、民衆の力が整然と盛りあがり、こう闘い、こういうふうに勝ち、こういうふうに敗れたということと、その時に僕たちの作品が出たということは、相呼応するのではないかと考える。

吉田喜重も「相関関係がある。完全にズレなかったと自負しています」と答える。つまりこのヒットには安保闘争の盛りあがりが大きく影響した可能性が高い。さらに八月三〇日には篠田正浩の第二作『乾いた湖』も公開されている。この三作とも、一言で言えば社会に反抗する大学生を描いている点が共通しており、まさに時代の盛りあがりと呼応していたと言えよう。
現在、松竹のホームページではこの二〇代監督の三本に触れて「松竹は、大島渚、篠田正浩や吉田喜重たちの演出・作風が、当時ヌーベル・バーグ（新しい波）と呼ばれたフランスの若手監督（アラン・レネやゴダール、トリュフォー）たちの手法に似ていたことから、〝松竹ヌーベル・バーグ〟として売り出しました」と書いている。
同年一一月上旬号の『キネマ旬報』は「日本映画に新しい波《ヌーヴェル・ヴァーグ》はあるか」という特集を組み、そこで岩崎昶は次のように述べている。

「松竹ヌーヴェル・ヴァーグ」とか「大船の新しい波」というようなことばを作り出したのは、松竹の宣伝部であろうか、それとも映画ジャーナリズムであろうか。いや、たぶん、大きく見れば、両方の合作だというべきだろう。いずれにしても、このキャッチ・フレーズは、造語者自身もおそらく予想しなかったほどの大成功であった。

そして松竹側の理由として城戸四郎社長が退任し、大谷博社長が就任したことを挙げる。大谷社長は製作と企画の面では無策だったので「製作面でのこの無政府状態があって、平時ではとても考えられないような新人の爆発、いわゆる「日本ヌーヴェル・ヴァーグ」ははじめて可能だった」と書く。しかしこの『キネマ旬報』の特集は、大島渚と吉田喜重の「『日本の夜と霧』『血は渇いてる』の興行的敗北をめぐって、いま一つの反省が、映画界の中からも外からも行われようとしている」という検証を目的としたものだった。わずか三カ月ほどで揺り戻しが来たことがわかる。

『日本の夜と霧』は六〇年一〇月九日に封切られたが、松竹は興行の不振を理由に四日後に上映を打ち切った。それは公開四日目の一二日に社会党委員長の浅沼稲次郎《いねじろう》が演説中に刺殺される事件が起こり、社会不安を背景に松竹首脳部が判断したとされている。これに対する大島渚の反論が強烈だ。彼は『映画評論』同年一二月号の「『日本の夜と霧』虐殺に抗議する」という文章で、松竹首脳部の次に映画ジャーナリズムを批判する。

あなた方は松竹の発表をそのまま信じこみ、入場者数の少ないことをあげつらって、「ヌーベルバーグの崩壊」とさわぎ立てた。何がヌーベルバーグだ！　あなた方は今迄《いままで》ヌーベルバーグという言葉をセックスと暴力の代名詞としてしか使わなかったではないか？『日本の夜と霧』のどこにセックスと暴力がある？（中略）

今後一切ヌーベルバーグという言葉の使用をやめよ！　一つ一つの作品を作品として評価せよ！

そして『日本の夜と霧』が再び上映されることに力をかせ！　それこそが真のジャーナリズムの仕事である。

大島渚は結婚したばかりの女優・小山明子、脚本家の田村孟《つとむ》や石堂淑朗《としろう》らと共に翌六一年、松竹を辞めて創造社を設立する。吉田喜重は一九六四年、篠田正浩は一九六六年に松竹を退社した。フランスの場合はもともと監督が大手映画会社の社員であることはないので状況は全く異なるが、とりあえず松竹の三人は六〇年代半ばまでにフリーとなった。

（3）大島渚の破壊力

さて松竹の大島渚たちが二〇〜三〇代で監督デビューした作品は、フランスのN・Vの作品と似ているのだろうか。今日の眼《め》から両方を比べてみると、確かに影響は受けているが（特に『勝手にしやがれ』）、日本の監督たちの方が明らかに政治性が強く、体制への反抗や虚無感を濃厚に表している。[*1] フランスのN・Vと違って大島たちは全員が映画会社に属していたにもかかわらず。中でもそれが最も激しいのが大島渚である。

大島渚の第一回長編『愛と希望の街』は六二分の小品であり、演出もオーソドックスだ。川崎を舞台に自分の元に戻ってくるとわかっているつがいの鳩《はと》を何度も売る少年が主人公で、まずその少年の住む一間しかないバラックの家を見せたことが重要だ。父はおらず母は駅前での靴磨きと内職をしている。この絶対的貧困は、彼が出会う女子高生の富永ユキの住む豪邸と対比される。少年は女子高生や学校の先生の手助けを最終的に拒否し、階級差は埋まらないままに終わる。自ら脚本を書いた大島は「鳩を売る少年」と題したが、松竹は『愛と希望の街』とした。城戸四郎社長は「傾向映画」[*2]と不満だったらしい（なお本章では、作品内の役名ではなく、俳優名での作品紹介とすることをお断りしておく）。

次の『青春残酷物語』は『勝手にしやがれ』や『大人は判ってくれない』の本邦公開から三カ月後の公開のせいか、その影響が感じられる。韓国の暴動や安保反対デモのニュース映像に始まって、女子高生の桑野みゆきは大学生の川津祐介と出会い、川津の提案で美人局《つつもたせ》を始める。映画はこの二人の息苦しいような暴力とセックスの彷徨《ほうこう》を見せるが、最初の木場のボートに始まって長回しやロングショットを多用し、手持ちカメラでの撮影を交えた。それは追い詰められて逃げ場のない二人の絶望的な人生と末路に呼応していた。ごろつきを仕切る佐藤慶や、妊娠した桑野みゆきのヤミ堕胎をする渡辺文雄なども暗澹《あんたん》たる味わいを加えた。

『青春残酷物語』がヒットし、二カ月後に公開された『太陽の墓場』は、二、三人を中心に語ったこれまでの二本と異なり、大阪の釜ヶ崎《かまがさき》を舞台に愚連隊や路上生活者や日雇い労働者たちを描く群像劇だ。愚連隊を仕切る津川雅彦、その下で川津祐介や炎加世子《ほのおかよこ》は労働者から血を採って小銭を稼ぐ。もうすぐソ連が攻めてくると触れ回る小沢栄太郎は路上生活者の戸籍を外国人に売って金を貯《たくわ》える。背景には大阪城や通天閣が世の終わりのような夕日に輝き、ギターの音楽が響く。ここでも手持ちのカメラが混沌《こんとん》そのものの空間を走り回る。この最初の三作では鳩を売る詐欺、売春を装う美人局、血や戸籍を売る仲介など、体を売る（鳩を含めて）ことでお金を稼ぐという、大島映画特有の貧困から逃れる構造が共通している。

さらに二カ月後に公開された『日本の夜と霧』は『太陽の墓場』と同じく石堂淑朗の脚本で再び集団劇に挑んだ。しかし大阪のロケを中心にした前作と異なり、今回は結婚式の会場を主な舞台にする室内劇で部屋の中を手持ちのカメラが走り回る。安保闘争をきっかけに結ばれた新聞記者の渡辺文雄と女子大生の桑野みゆきの結婚式に、逮捕状の出た学生の津川雅彦が乱入し、一〇年前に遡って学生運動の総括を始める。そこで浮かびあがるのは、日本共産党を支持して武装闘争路線から「歌って踊って」路線に転換した旧世代と、安保闘争を闘った現在の学生の対立であり、映画は旧世代を糾弾する。全体が左翼内の議論に終始するこの映画がどうして松竹の製作として成立したのかわからないが、日本映画史でも異様な作品である。

わずか半年の間に三本の話題作を公開した大島渚は仲間と共に松竹を離れた。『日本春歌考』

（一九六七年）では、荒木一郎や串田和美《かずよし》ら受験生の妄想を中心に、元教師の伊丹十三《いたみじゅうぞう》や荒木一郎の歌う春歌をバックに日本の近代そのものを問いかけた。『絞死刑』（一九六八年）からは日本アート・シアター・ギルド（以下、ATG[*3]と表記）と組んだ。同作品は絞首刑が失敗した在日朝鮮人Rのその後の処置をめぐる議論を映像作品化し、在日コリアンや死刑制度そのものを問いただした。これは大島としては初めての海外公開作品となった。『儀式』（一九七一年）は佐藤慶を祖父とする桜田家一族の戦後をいくつもの冠婚葬祭の中に描き、戦後日本の総括をした。

その後もフランスとの合作で、日本では裁判となった『愛のコリーダ』やデヴィッド・ボウイ、坂本龍一、ビートたけし出演の『戦場のメリークリスマス』（一九八三年）、フランス製作でラウール・クタール撮影、シャーロット・ランプリング主演の『マックス、モン・アムール』（一九八七年）など常に問題作、話題作を作り続けた。私は一九九九年に大島渚にパゾリーニ映画祭の実行委員長をお願いしたが、そのとき「パゾリーニのように映画を作るたびにスキャンダルを起こすというのはすごい才能なんだよ。僕もそうだけど」と語ったのをよく覚えている。

（4）吉田喜重と篠田正浩

吉田喜重の映画は大島渚のような派手な反乱を見せない。第一回作品『ろくでなし』は大会社社長の息子で大学四年生の川津祐介とその周りの三人の大学生と社長秘書・高千穂ひづるのやりとりを描く。川津は高級乗用車を走らせているが、それに乗る津川雅彦は貧乏な学生で川津の父親の会社でアルバイトをすることになる。高千穂ひづると関係を持つが、遊びだったと言う。最後に津川雅彦は銃で撃たれて『勝手にしやがれ』のラストと同じように、[*4]道路をよろよろと歩いて倒れる。パーティや川津の家の別荘や銀座のバーに集まるブルジョア学生を中心とした物語で大きなドラマはないが、彼ら全員に漂う閉塞感は強烈だ。何もすることがなく、希望も未来もない若者の姿がロングショットを多用して描き出されている。別荘のシーンは後述する中平康の『狂った果実』（一九五六年）を思わせるが、こちらの能天気な楽しさは皆無だ。

次の『血は渇いてる』では企業の宣伝合戦に巻き込まれた男の孤独な戦いを佐田啓二が演じる。資本主義における宣伝やメディアの虚構を見事に暴いた作品で、保険会社の社屋に掲げられた巨大な佐田啓二の写真が外し落とされるラストシーンは衝撃的だ。この作品は『日本の夜と霧』との併映だったため四日間しか上映されなかった。『甘い夜の果て』（一九六一年）では、Y（四日市）市のデパートの店員を演じる津川雅彦が何人もの女性を誘惑することで出世を目指す。ここまでの三作品は吉田のオリジナル脚本でいずれも資本主義社会の中でもがく青年を描いている。

『秋津温泉』（一九六二年）で吉田は変貌する。岡田茉莉子《まりこ》の企画・主演で藤原審爾《しんじ》の原作だが、これまでと違って敗戦から一七年間をかけて別れては再会する男女のメロドラマとなった。秋津を訪ねるごとに情けない男になってゆく長門《ながと》裕之に対して、秋津に住む岡田茉莉子の存在がどんどん大きくなってゆく女性映画である。『嵐を呼ぶ十八人』（一九六三年）ではK（呉《くれ》）市の造船所で社外工として働く早川保《たもつ》のもとに、一八人の若者が現れて騒ぎを起こす。以前の作品に戻った感もあるが、雨の結婚式のシーンなどロングショットが冴《さ》えている。

一九六四年に松竹を離れ、『水で書かれた物語』（一九六五年）からは岡田茉莉子を主演にして一気に抽象的な恋愛映画を開始する。さらに『エロス＋虐殺』『煉獄エロイカ』（共に一九七〇年）、『戒厳令』（一九七三年）で日本の近代史を総括する三本の金字塔を打ち立てた。思弁的な吉田喜重は時代や社会の変化に敏感に反応した大島渚と違い、日本の近代とは何かの探求に向かった。

私は吉田喜重には一九九五年の映画生誕百年や二〇〇三年の小津安二郎生誕百年のイベントへの参加をお願いした。小津の国際シンポジウムを開催したときに彼の略歴を書いて見せると、「大島渚と共に松竹ヌーヴェル・ヴァーグの旗手として」という部分を即座に二重線で消し、「松竹ヌーヴェル・ヴァーグとは松竹宣伝部が勝手に作った言葉で意味がありません。私は大島さんの映画も初期二、三本以外は見ていません」と厳しい顔で言われた。

篠田正浩は自らの脚本に同タイトルヒット曲を加えた『恋の片道切符』で一九六〇年四月に

デビューした。芸能界に生きる若者たちを軽やかに写したこの作品の後、八月には寺山修司・脚本、武満徹《たけみつとおる》・音楽の『乾いた湖』を封切った。これは安保闘争に生きる若者たちを描いた点では政治的だが、主人公の三上真一郎は大学自治会の中央委員でありながら「デモに行く奴《やつ》らはみんなブタだ」と言い放ち、テロを夢見る。自宅にはヒトラーやチェ・ゲバラのポスターを張り、ワーグナーを聞くのだからシャブロルの『いとこ同志』を思わせる。大島渚や吉田喜重のような社会への反抗は感じられず、むしろ学生運動を茶化したような軽さが特徴的だ。大島は退社し、吉田がなかなか監督をできない状況の中で、篠田は六一年に『三味線とオートバイ』など三本、翌年にも三本と順調に撮り続ける。

六四年の『乾いた花』と『暗殺』は彼の様式美を打ち立てた。石原慎太郎原作の『乾いた花』はヤクザ映画だが、アクションもドラマもほとんどなく、池部良《りょう》と加賀まりこの立ち姿の美しさを見せる。彼らは互いに好意を抱きながら手も握らない。司馬遼太郎原作の『暗殺』は幕末を描く時代劇だが、丹波《たんば》哲郎演じる主人公は自己中心的で主義がなく人を切る。この二本はヤクザ映画や時代劇というジャンル自体を楽しむようなメタ映画となった。『乾いた花』は難解ということで八カ月間お蔵入りになったが、結果としてはヒットした。

この美学とメタジャンルの追求は松竹退社後のATG製作『心中天網島』（一九六九年）で頂点に達する。近松門左衛門の人形浄瑠璃をもとにした武満徹のラジオドラマをベースに武満も脚本に加わり、粟津《あわづ》潔の美術と従姉《いとこ》でもある篠田桃紅《とうこう》の書や絵によって様式化されたセットを作り、黒子など歌舞伎の要素も取り入れた。さらに中村吉右衛門演じる治兵衛の妻と遊女小春を岩下志麻《しま》が二役で演じることで虚実が幾重にも折り重なる世界を作りあげた。その後も篠田は最後の『スパイ・ゾルゲ』（二〇〇三年）まで興味深いテーマと語りのうまさで魅了し続けた。「松竹ヌーヴェル・ヴァーグ」があったのだとしたら、一九六〇年の松竹作品に限定されるのではないか。その後は大島渚も吉田喜重も篠田正浩もそれぞれのスタイルと世界を確立した。

このほかに佐藤忠男は高橋治『彼女だけが知っている』、田村孟『悪人志願』、森川英太朗『武士道無残』（松竹京都）を挙げている。[*5]この三人はその後、脚本家や作家となった。

彼らが二〇代から三〇代で監督デビューした理由に、斎藤正夫、田中淳剛、田村孟が集まって一九五六年に『7人』というシナリオ誌を出したことがある。吉田喜重はそれに木下恵介が注目し、助監督に呼んでくれたと語っている。[*6]

(5) 増村保造と中平康

前述した一九六〇年四月の『映画芸術』の「おこれ！日本映画の『若い怒濤』」という特集で、評論家の荻昌弘は「『狂った果実』『青空娘』あたりからはじまった、この〝娯楽〟映画の若返りこそ、或《あ》る意味で、私たちが『二十四時間の情事』や『影』の誕生よりも重視しなければばならない事実である」と述べている。『影』は後述する「ポーランド派」の映画だが、要するに国内でもすでに新しい動きがあることは感じられていた。そのうえ、この特集には『青空娘』（一九五七年）を監督した増村保造（一九二四年生まれ）、『狂った果実』を監督した中平康（一九二六年生まれ）も文章を寄せている。大島渚たちは一九三〇年前後の生まれだが、少し上の世代にその先駆けがいたのである。彼らは戦前から活躍していた溝口健二、小津安二郎、成瀬巳喜男《みきお》、黒澤明、木下惠介ら「巨匠」とは明らかに作風が異なっている。

一九六〇年代後半に日本の映画産業が壊滅的な不況に陥るまで、増村保造は大映に、中平康は日活に所属し、あくまで商業映画の枠の中で新しい映画を作っていった。日本映画を変えることにより意識的だったのは増村保造である。大映に入社後イタリアの国立映画実験センターに留学。帰国後、溝口健二らの助監督を経験して『くちづけ』（一九五七年）でデビューした。同じ年の『青空娘』『暖流』を通して感じられるのは、登場人物の異様なほどのスピード感溢れる台詞回しと率直で性急な感情表現だ。『くちづけ』のラストシーンで川口浩《ひろし》は野添ひとみに突然キスをして「これで理由ができたろう」と叫ぶ。『青空娘』で若尾文子《あやこ》は訪れた父の家で女中扱いされても全くめげず、ミヤコ蝶々《ちょうちょう》に「女中の仕事教えてよ」と微笑《ほほえ》む。『暖流』の左幸子《ひだりさちこ》は東京駅で改札を過ぎた根上淳《じゅん》に「情婦でも二号でもいいんだから、待ってます！」と叫ぶ。

この三本を立て続けに公開した直後、増村は『シナリオ』五八年二月号に「映画のスピードについて」という文章を書いた。日本映画のテンポが遅いことを指摘し「新らしい個性、ダイナミックな知恵と意志を持つ人間、これからの日本映画は、そんな主人公を描いて行かなければ、真のテンポとスピードを持つことはできないであろう」と言う。翌月の『映画評論』では「ある弁明」と題し、「私はそれでもなお、卒直で粗野で利己的な表現を買う。何故《なぜ》なら日本人はあまりにも、自らの欲望を抑制しすぎて、自分の本心を見失い易いからである」[*7]と書く。日本映画のみならず日本人そのものの改革を考える射程の大きさに驚くが、これは戦後七年たってイタリアで二年間過ごした増村の実感だった。彼は日本の監督として内外の作品を鋭く分析した最初の理論家であり、大島渚や吉田喜重が続く。

増村は『巨人と玩具』（一九五八年）においてその破壊的スピードで企業の宣伝合戦を描き、資本主義の現実を誇張して見せた。これは吉田喜重の『血は渇いてる』と似たテーマだが、その重苦しさはない。その後ハイスピードによるカリカチュア的な描写は次第に影を潜め、若尾文子を主演にした『妻は告白する』（一九六一年）や『赤い天使』（一九六六年）などで女の異常なまでの執念を描き続けることに成功した。

大島渚は一九六三年の「戦後日本映画の状況と主体」において増村保造の名前を挙げながら、「これらの作品は、その初期において旧来の日本映画の方法への大きな打撃となっただけで、あとは疑似主体意識のストレートな反映に終り、そうした作品と社会の間での運動的なダイナミックスは遂《つい》に持ちえないまま終ってしまった」[*8]と批判している。松竹を辞めて政治的に過激になってゆく大島渚は、大映に留《とど》まってあくまで商業映画として通用する物語を作ってゆく増村に違和感を持ったのではないか。

六〇年四月の『映画芸術』で増村保造はフランスのN・Vを論じながら、それらが独立プロによって作られていること、シネクラブの伝統が作家の映画を支えていることを的確に指摘して、日本では難しいだろうと冷静に述べている。一方で同じ監督として文章を寄せた中平康は、「日本映画の水準は高い」と書く。

いつの間にか、私や増村までが日本のヌーヴェル・ヴァーグの旗手として期待されだしたりしたのだから、戸惑ってしまった。迷惑も甚だしいとフンガイした。あんな青ッぽい、安っぽい、下手くそな駄映画と、私たちの名作が同一視されてはたまらないと痛感して、ヌーヴェル・ヴァーグは認めないと、騒いでいたのである。[*9]

日活の中平康は増村のデビューの一年前に『狂った果実』を監督した。実際はその前に『狙われた男』（一九五六年）を監督していたが、こちらが先に公開され初監督作とされた。『狙われた男』は六八分だが、セットの銀座をルネ・クレールばりの流麗なカメラが動き回る犯罪もの。

『狂った果実』は石原慎太郎の原作で、彼が芥川賞を受賞した『太陽の季節』が五六年三月に出てベストセラーとなり、五月に公開された同名の映画作品（日活、古川卓巳《たくみ》監督）もヒットした。そこで石原作品から六月に『処刑の部屋』（大映、市川崑《こん》監督）、七月に『狂った果実』が公開された。脚本は石原慎太郎が手がけ、『太陽の季節』に脇役で出ていた弟の石原裕次郎を売り出すために作られた作品だが、軽快なテンポとアップを多用した直接的な感情表現、人妻を奪い合う兄弟という不道徳な内容、兄と恋人のいるヨットにボートを衝突させる衝撃的なラストによって、「太陽族映画」と呼ばれた石原原作ものの中でも高い評価を得た。

この映画は五八年にフランスで公開され、長編を撮る前のフランソワ・トリュフォーが「演出は、みずみずしい創意と、ありきたりの手法を無視した奇抜さにみちていて、目をみはるすばらしさだ[*10]」と絶賛し、その年のベストテンの四位に選んでいる。また、増村保造は『映画芸術』一九五九年五月号の「新人作家の主張」で「日本映画の青春は、中平康監督がその『狂った果実』の中で、それまでの日本映画の重苦しい客観描写に、真向から挑戦し、小市民的な道徳と感傷を否定し、鮮烈な感覚描写と、キャメラの奔放な駆使を始《ママ》めて行ったとき、芽吹き開花したのである」と書いた。

中平康は五六年と五七年にそれぞれ四本を発表し、日活の人気監督となった。三本目の『牛乳屋フランキー』（一九五六年）はフランキー堺《さかい》出演の、ラジオドラマを元にしたドタバタ喜劇。登場人物に助監督がいて、日活をもじった「頓活」の撮影現場では岡田眞澄《ますみ》や丹下《たんげ》キヨ子が出てくる。そのうえ自分の『狂った果実』を始めとする太陽族映画への言及もあり、またフランキー堺は西部劇のように腰に巻いたベルトに何本もの牛乳を差し、二丁拳銃のように配達する。こうしたメタ映画的要素が喜劇の中に巧みに組み込まれている。

その後も『密会』（一九五九年）では不倫劇にサスペンスを組み込んでルイ・マルの『恋人たち』を思わせた。『月曜日のユカ』（一九六四年）では台詞と映像をわざとずらして、マルの『地下鉄のザジ』やレネの『去年マリエンバートで』を意識していたように思われる。中平康が新しい要素を詰め込んでいたのはあくまで娯楽作品だったため、「キネマ旬報ベスト・テン」などの映画賞とは無縁だった。

(6) そのほかの監督たち

増村保造と中平康は、監督デビューから明らかにそれまでの日本映画と異なる方法論で映画を撮り始めた。それは『映画芸術』の特集でもわかる通り、当時から認められていた。特に増村保造は映画評論や理論的著作も残しているし、中平康も歯切れのいいエッセーの形で自分の考えをあちこちに書いているので、明らかに大島渚たちの先駆者と言えるだろう。それ以外の監督で日本のN・Vというべきは誰だろうか。

一九七〇年から七二年にかけて小川徹を編集委員会代表として出版された『現代日本映画論大系』全六巻（冬樹社）の第三巻は『日本ヌーベルバーグ』と題されている。ここで取りあげられている監督は約半分が松竹（当時）で、残りが他社かフリーである。松竹を除いて出生順に挙げると、中川信夫（一九〇五年）、黒澤明、山本薩夫《さつお》（一九一〇年）、森一生《かずお》（一九一一年）、市川崑（一九一五年）、小林正樹、加藤泰《たい》（一九一六年）、川島雄三（一九一八年）、増村保造（一九二四年）、今村昌平（一九二六年）、蔵原惟繕、舛田利雄、勅使河原宏《てしがはらひろし》（一九二七年）、浦山桐郎《きりお》、深作欣二《ふかさくきんじ》（一九三〇年）、松本俊夫（一九三二年）、恩地日出夫（一九三三年）。要するに、フランスのN・Vが日本に知られるようになって一〇年たっても、日本のN・V監督が誰かという定義は、人によって違ったということだろう。今ならばこれに鈴木清順（一九二三年）や岡本喜八（一九二四年）が加わるかもしれない。

これらの監督の作品を今日の眼から見たときに、私が特に新しさを感じるのは川島雄三と今村昌平である。二人とも松竹から、一九五四年に製作を再開した日活に移籍しており、娯楽作品を作っているうちに強い個性を打ち立てた点も共通している。

川島雄三は戦時中の松竹で助監督から監督になり、二〇本以上を残している。日活に移って彼の本領が発揮されるのは『洲崎パラダイス　赤信号』（一九五六年）からで、さびれた遊郭に集う貧しい男女を雨や川の流れと共に描きながら、同時に明るいジャズやラテン音楽、チンドン屋や巡業芝居、異様なノリの小沢昭一を組み合わせた。『幕末太陽傳』（一九五七年）ではさらにこのアクの強い構成を突き進め、品川の遊郭で代金が払えないために働くフランキー堺が絶えず話しながら室内を走り回り、石原裕次郎演じる高杉晋作らの襲撃計画も左幸子と南田洋子のケンカも小沢昭一の飛び込み心中も巻き込んでゆく。あちこちに動物や死のイメージが遍在する強烈な作品である。さらに大映で撮った若尾文子主演の映画では過激な演出が炸裂《さくれつ》する。『女は二度生まれる』（一九六一年）で彼女は目まぐるしく移り変わる場面の中、男たちを軽やかに渡り歩き、太鼓やトランペットなどの音が不条理な空間を作る。『しとやかな獣』（一九六二年）に至っては、晴海団地を舞台に嘘まみれの生活を続ける謎の家族を描き、戦後日本の虚構を前衛劇のように見せた。

今村昌平は戦後松竹で小津安二郎や川島雄三などの助監督を経て、一九五四年に日活に移籍した。『幕末太陽傳』の脚本に参加した後、デビュー作の『盗まれた欲情』（一九五八年）において旅芸人一座の長門裕之を中心にした庶民の欲望や活力を肯定する視点は明確である。そこに政治性が加わり、また独自の土俗的な世界を表現するようになるのは『豚と軍艦』（一九六〇年）からだろう。同年に作られた大島渚の『日本の夜と霧』と増村保造の『偽大学生』は日米新安保条約（＝アメリカの支配）に反対する学生を描いたが、この作品はアメリカ軍に寄生するヤクザたちを描き、終盤にその象徴として豚の群れを登場させた。

『にっぽん昆虫記』（一九六三年）では、左幸子がそれまで日本映画に描かれなかったような最下層の女を演じてベルリンで主演女優賞を得た。そこでは東北の土俗的世界と戦後の都会の醜い日本人が融合し、虫の生態に重なってくる。『赤い殺意』（一九六四年）でも性を媒介とした東北の男女の姿が昆虫のように描かれるが、だんだん自我に目覚めてゆく春川ますみの姿が印象的だ。今村はこの後日活から独立するが、『楢山節考』（一九八三年）と『うなぎ』（一九九七年）により、カンヌで二度パルムドールに輝いた。

日本のＮ・Ｖについては、邦画大手が展開したシリーズものやジャンル映画を挙げる人もいるだろう。ジャンル映画は繰り返すうちに型だけが残ってジャンルそのものを問うようなメタ映画が生まれ、自由な表現が可能となる。その典型が鈴木清順で、日活でギャング映画を作りながら『関東無宿』（一九六三年）あたりから次第に人工的でキッチュな映像を生み出し、『東京流れ者』（一九六六年）や『殺しの烙印』（一九六七年）で「清順美学」と呼ばれる色彩感覚溢れる独自のシュールな作品を残した。一九六〇年代に松竹を退社した大島渚、吉田喜重、篠田正浩たちに加えて、その前の世代で一九五〇年代に松竹から日活に移籍した川島雄三、今村昌平、鈴木清順を考えると、小津安二郎や木下恵介という巨匠を抱えた松竹という会社が、映画界における旧世代の抑圧する制度として機能し、その反動としてN・Vを生んだと言えるかもしれない。

シリーズもので言えば、東映の沢島忠監督『人生劇場　飛車角』（一九六三年）に始まる「任《にん》侠《きょう》」路線は、「人生劇場」「博徒」「博奕打《ばくち》ち」などの鶴田浩二主演シリーズや「日本侠客伝」「昭和残侠伝」「網走番外地」などの高倉健主演シリーズを生み出し、マキノ雅弘、佐伯清、加藤泰、山下耕作、小沢茂弘、石井輝男などの監督によって独自のスタイルと美学を打ち立てた。その後一九七三年からは深作欣二が菅原文太《ぶんた》主演で現在のヤクザをリアルに描く「仁義なき戦い」シリーズを作り、「実録路線」と呼ばれた。

大映は市川雷蔵主演の「眠狂四郎」、勝新太郎主演の「悪名」「座頭市」「兵隊やくざ」などのシリーズを生み、田中徳三、三隅《みすみ》研次、森一生、池広一夫といった個性的監督が活躍した。

一九七一年から始まる「日活ロマンポルノ」も神代辰巳《くましろたつみ》、田中登、曽根中生《ちゅうせい》、小沼勝などが低予算ながら作家性の強い作品を残しており、これもN・Vと考えることは可能だろう。

日本映画の観客人口は一九五八年に一一億二七〇〇万人を超して最高を記録したが、それからテレビの普及と共にほぼ毎年減り続ける。五億人を切ったのが一九六四年。大映が倒産し日活がロマンポルノを始めた一九七一年にはかろうじて二億人となり、翌年からは二億人を切る。それ以降現在に至るまで五〇年間、一億五〇〇〇万人から二億人の間を揺れる。世界各国も同じような状況だが、N・Vは娯楽の王様としての映画が産業として没落してゆく中で生まれたとも言えよう。

また五〇年代後半から六〇年代は戦前からの巨匠が去ってゆく時代でもあった。中平康の『狂った果実』が封切られた一九五六年には溝口健二が亡くなっている。小津安二郎は六三年、成瀬巳喜男は六九年に他界した。N・Vは監督の世代交代の中で生まれたものでもある。

最後に映画産業の外で新しい表現を確立した二人のドキュメンタリー監督に触れておきたい。土本《つちもと》典昭（一九二八年生まれ）と小川紳介（一九三五年生まれ）は共に岩波映画製作所の出身であり、東《ひがし》陽一、黒木和雄らと「青の会」を結成した。この二人は撮る対象となる水俣《みなまた》や三里塚に何年も住み込み、そこから生まれた信頼関係の中でカメラを回した。時に監督が写ったり声が聞こえたりする点も共通している。

土本典昭は『ドキュメント　路上』（一九六四年）でナレーションを付けずにタクシー運転手の日常を断片のように積み重ねながら、オリンピック直前の工事だらけの東京を底辺から見せた。六五年にテレビドキュメンタリーで水俣を撮影したのを契機に、『水俣―患者さんとその世界―』（一九七一年）から『水俣病―その三〇年―』（一九八七年）まで八本を監督した。水俣に長期間滞在することで、患者さんたちを取り巻く複雑な環境を周囲の自然と共に浮かびあがらせ、チッソ本社の幹部も含めてそこに生きる人々に迫った。

小川紳介はより政治的で、六七年に学生運動を追った『圧殺の森　高崎経済大学闘争の記録』『現認報告書　羽田闘争の記録』を監督した後、六八年の『日本解放戦線　三里塚の夏』からは成田空港建設反対闘争を撮り続けた。それぞれのショットやそのつなぎに審美眼を感じさせる土本に比べると、小川はより偶発的に場面が続き、長回しも多い。その後は山形県の山村に滞在して農業をめぐるドキュメンタリーを撮った。ベルリンで国際批評家連盟賞を得た『ニッポン国　古屋敷村』（一九八二年）はその集大成である。この映画は私が大学生のときに公開されて話題を呼んだ。また一九八七年、私が大学院生のときには池袋西武の「スタジオ200」で「土本典昭フィルモグラフィ展」が開催され、全作品の上映に通った。蓮實重彦の講演があったことを覚えている。

第七章
西欧に広がるヌーヴェル・ヴァーグ

『ミツバチのささやき』（ビクトル・エリセ監督、1973年）

写真：Album/アフロ

（1）イタリア

ヌーヴェル・ヴァーグという呼称はフランス語だが、日本の場合がそうであるように、戦後社会の急激な変化を背景に世界各地で自然発生的に生まれている。つまりフランスの影響とは関係なく、各地で同時代的に生まれた現象である。しかしその世界的な動きに最初に刺激を与えたのが、イタリアのネオレアリズモであることは間違いない。前著『永遠の映画大国　イタリア名画120年史』に詳しく書いたが、すでにファシズム政権下の一九四〇年代に先駆的作品が何本か現れ、戦後はロベルト・ロッセリーニ『無防備都市』（一九四五年）やヴィットリオ・デ・シーカの『自転車泥棒』（一九四八年）などが世界各地で上映され、全編ロケで素人を中心とした即興的な演出が話題となった。

中でもフランスのN・Vへの影響は明らかだ。彼らの理論的支柱であった評論家のアンドレ・バザンは主著『映画とは何か』の中で何度もこれらの監督たちに触れている。批評家時代のN・Vのメンバーは、特にロッセリーニに傾倒した。ロッセリーニはハリウッドからイタリアにやってきたイングリッド・バーグマンを主演に撮った『ストロンボリ』以降はバーグマンとの不倫への批判もあってイタリアでの評価は低くなり、『イタリア旅行』（一九五四年）の公開直後は、彼女とパリのホテルにいた。バーグマンを主演にパリ・オペラ座の『火刑台上のジヤンヌ・ダルク』を演出するのが目的だったが、『カイエ』の若者たちは何度もインタビューに訪れた。前述のド・ベックとトゥビアナによるトリュフォーの伝記やド・ベックのゴダールの伝記[*1]によれば、「カイエ派」の面々はロッセリーニに頼まれて、五〇年代半ばのフランスの現実を示す映画の企画を出したが、一本も実現しなかったという。トリュフォーは書いている。

ロッセリーニは、当時、パリにくるたびに、わたしたちが作ったアマチュア映画を映写させたり、わたしたちが初めて書いたシナリオを読んでくれたりした。(中略)クロード・シャブロルの『美しきセルジュ』とわたし自身の『大人は判ってくれない』のシナリオを最初に読んでくれたのも、ロベルト・ロッセリーニであった。ジャン・ルーシュの短篇『呪術師』を見たあと、ルーシュに『われは黒人』のアイデアを吹きこんだのも、ロッセリーニである。[*2]

N・Vの監督たちは助監督の修業をしなかったが、ロッセリーニによって映画の企画の立て方や演出を学んだと言えるだろう。実際、N・Vの初期作品の現実を丸ごと切り取って見せる手法は明らかにロッセリーニ譲りだ。

さて、イタリア本国では五〇年代に評価の低かったロッセリーニが『ロベレ将軍』(一九五九年）で復活し、ルキノ・ヴィスコンティと共にヴェネツィアなど国際映画祭で受賞していたし、ロッセリーニの脚本に参加したミケランジェロ・アントニオーニは『情事』、フェデリコ・フェリーニは『甘い生活』（共に一九六〇年）で、最初の黄金期を迎えていた。だからゴダールやトリュフォーと同世代のタヴィアーニ兄弟（一九二九年と三一年生まれ）、エルマンノ・オルミ（一九三一年生まれ）、エットレ・スコーラ（一九三一年生まれ）が華やかな活躍を始めるのは、一九七〇年代になった。しかしオルミの最初の長編『時は止まりぬ』（一九五九年）に始まり、『就職』（一九六一年）、『婚約者たち』（一九六三年）は、素朴な若者が社会に出てゆくさまをユーモアと痛みと共に鮮烈に描き、N・Vと呼ぶにふさわしい作品群である。同時代的にこのような感性を見せたもう一人の監督は、一九二三年生まれで『オルゴソロの盗賊』（一九六一年）を作ったヴィットリオ・デ・セータである。

オルミやデ・セータはネオレアリズモを引き継いだが、フランスのN・Vから直接影響を受けたのは、次世代のマルコ・ベロッキオ（一九三九年生まれ）とベルナルド・ベルトルッチ（一九四一年生まれ）である。特にベルトルッチは学生時代にパリで夏休みを過ごし、『勝手にしやがれ』を見てショックを受けたことを語っている。当時イタリアでは「イタリア式喜劇」が隆盛を極めていたが彼は全く評価せず、自分はフランスのN・Vに連なる監督だと信じて『カイエ』を読みふけった。第一回長編『殺し』（一九六二年）の記者会見はフランス語で行った。[*3]二作目の『革命前夜』（一九六四年）はカンヌの上映会場でゴダールに絶賛されたという。彼らは六〇年代に二〇代でデビューし、ベルトルッチは『暗殺のオペラ』（一九七〇年）など七〇年代に頂点を迎える。ベロッキオは『夜よ、こんにちは』（二〇〇三年）や『夜の外側　イタリアを震撼させた55日間』（二〇二二年）など、むしろ二一世紀になって最盛期を迎えている。

(2) イギリス

イギリスにおいて戦後の重要な映画革新運動として挙げられるのが、「フリー・シネマ」である。これは一九五〇年代のイギリスで始まったドキュメンタリー映画運動だが、日本では長年、その後のトニー・リチャードソン監督『長距離ランナーの孤独』（一九六二年）などの若手による劇映画を指すと誤解されてきた。フリー・シネマという言葉は、最初は一九五六年二月から五九年三月までにイギリス映画協会（以下、BFIと表記）傘下のナショナル・フィルム・シアター（以下、NFTと表記）で組まれたドキュメンタリー映画を中心とした計六回の特別上映会を指した。ここでイギリスのドキュメンタリー映画が上映されたのは第一回、第三回、第六回の三回で、それ以外の第二回はフランスのジョルジュ・フランジュの短編やカナダ出身のノーマン・マクラレンのアニメーションが、第四回はポーランド派、第五回はフランスのシャブロルの『美しきセルジュ』やトリュフォーの短編『あこがれ』が上映された。

これを組織したのはリンゼイ・アンダーソン（一九二三年生まれ）、カレル・ライス（一九二六年生まれ）、ロレンツァ・マッツェッティ（一九二七年生まれ）、トニー・リチャードソン（一九二八年生まれ）の四人で、彼らが自分たちの作ったドキュメンタリー映画を上映するために、NFTで働いていたライスの紹介で一回だけの上映会が決まった。二回目からは世界の新しい傾向の映画を集め、また自分たち以外のイギリスの若手の紹介も始めた。

この出発点となったのは、アンダーソンがBFIの協力を得てオクスフォード大学の友人と一九四七年に立ちあげた映画雑誌『シークエンス』で、ライスも途中から参加した。現在残っている第二号はジョン・フォード特集で表紙は『荒野の決闘』であり、四年後にフランスで出た『カイエ』を思わせる。フリー・シネマの上映は最初はドキュメンタリーのみであったが、映画雑誌から始まった点やシネクラブのような上映会を組織した点で、結果としてフランスのN・Vに先んじた動きであった。

最初の作品はアンダーソンの『オー、ドリームランド』（一九五三年、未）で、まだフリー・シネマという言葉が生まれる前の作品だが、遊園地、動物園、ゲームセンター、レストランを集めた「ドリームランド」に集まる人々をナレーションなしで見せる。それは一見豊かそうで実は貧しく醜い社会を活写していた。第一回に配られたパンフレットには「映画監督として我々は個性的であり過ぎることはないと信じる」と書かれている。[*4]

第三回目の上映会ではイギリス以外の監督も参加している。スイス人で英国に滞在しており、後にスイス映画の新しい波を作るアラン・タネールとクロード・ゴレッタ（共に一九二九年生まれ）の共同監督『ナイス・タイム』（一九五七年、未）も上映された。夜のピカデリー・サーカス広場に集まる人々にさまざまな音楽や映画の音声を組み合わせた作品である。

フリー・シネマに参加した監督たちは、すぐに劇映画に取りかかる。彼らは当時文学と演劇で話題になっていた「怒れる若者たち」と呼ばれた若手作家や脚本家の作品を映画化した。ジョン・オズボーンの演劇作品からリチャードソンの『怒りを込めて振り返れ』（一九五九年）が、アラン・シリトーの小説からライスの『土曜の夜と日曜の朝』（一九六〇年）とリチャードソンの『長距離ランナーの孤独』、デヴィッド・ストーリーの小説からアンダーソンの『孤独の報酬』（一九六三年）が生まれた。

これらはN・Vの英語そのままに「ブリティッシュ・ニュー・ウェイヴ」と呼ばれるが、今日の眼から見ると文学や演劇の映画化のせいか、以前のフリー・シネマの自由さに比べるといささか芝居がかって見える。理由として、労働者階級を描くという根本的前提がこれらの作品全体を縛っていることもあるかもしれない。『長距離ランナーの孤独』は少年院を舞台に青年の怒りの視線が貫かれているが、終盤で主人公が森を走るときに過去の出来事がフラッシュバックで構成されるあたりがいささか説明的に見える。フリー・シネマから始まるイギリスの新しい動きは、フランスよりも早かったが、N・Vのようには世界に広がらなかった。[*5]

少し下のケン・ローチ（一九三六年生まれ）はBBCでテレビ番組にたずさわり、『夜空に星のあるように』（一九六七年）でデビュー、『ケス』（一九六九年）を作った。貧しい人々の日常をリアリズムで描く彼の作品が国際的に評価されるのは九〇年代からで、日本でも『リフ・ラフ』（一九九一年）や『レイニング・ストーンズ』（一九九三年）の公開が最初だった。それからはカンヌの常連となり、『麦の穂を揺らす風』（二〇〇六年）と『わたしは、ダニエル・ブレイク』（二〇一六年）はパルムドールに輝いた。常に労働者の側に立ってその日常の困窮を克明に描く彼の映画は、まさに「格差社会」の二一世紀に輝きを増している。

(3) ドイツ

時期的にフランスに先んじたイギリスとは逆に、ドイツでは「ニュー・ジャーマン・シネマ」と呼ばれた新しい波は数年遅れた。一九六二年のオーバーハウゼン短編映画祭における「オーバーハウゼン宣言」で、若手小説家や映画監督が「古き映画は死んだ。われわれは新しい映画を信ずる」[*6]と発表した。それに参加したアレクサンダー・クルーゲ（一九三二年生まれ）は、初長編『昨日からの別れ』（一九六六年）がヴェネツィアで銀獅子賞を得て評価された。これは東側から西側に移った二〇代女性の放浪を通じて、戦後のドイツ社会の問題や過去を浮き彫りにした。

同じ年、フランスのIDHECを出てアラン・レネやルイ・マルの助監督を務めたフォルカー・シュレンドルフ（一九三九年生まれ）は、『テルレスの青春』（一九六六年）がカンヌで国際批評家連盟賞を取った。こちらは二〇世紀初頭のオーストリアの高校の寄宿舎におけるいじめを描く。その暴力的な描写や無関心を装う周囲の反応はナチス時代を思わせるが、この監督はそのような象徴的な場面の造形に才能を発揮し、『ブリキの太鼓』（一九七九年）ではカンヌでパルムドールを獲得して世界的な巨匠となった。

すでに触れたフランス人夫婦のストローブ＝ユイレは前年に『妥協せざる人々』（一九六五年）で一家族の歴史を通じてナチスの時代を見せたが、その難解な語りは多くの人々を困惑させた。一九六五年から翌年までをドイツの新しい映画の第一陣とするならば、三本は全く方向性の違う作品と言えよう。さらにどれもフランスのN・Vとは異なっていた。

第二陣は一九七〇年前後に始まる。ライナー・ヴェルナー・ファスビンダー（一九四五年生まれ）、ヴェルナー・ヘルツォーク（一九四二年生まれ）、ヴィム・ヴェンダース（一九四五年生まれ）などの一九四〇年代生まれが二〇代で次々と作品を発表する。

ファスビンダーの最初の長編『愛は死より冷酷』（一九六九年）は、冒頭に「クロード・シャブロル、エリック・ロメール、ジャン＝マリー・ストローブ、リニオとクンチョに捧げる」と出てくる。最後の二人はイタリアのダミアーノ・ダミアーニの西部劇『群盗荒野を裂く』（一九六六年）の主人公たちの役名（実際はニーニョとチュンチョ）だが、この作品の抽象化されたフィルム・ノワールのような演出はむしろゴダールを思わせる。演劇のように正面を向いて話す人物、白い壁、長い移動撮影（その一部は当時演劇活動で知り合っていたストローブの未使用ショット）など、メタ映画的な要素に満ちている。監督本人の出演や、同性愛というテーマ、退廃的な雰囲気はその後の作品を思わせる。次の『出稼ぎ野郎』（一九六九年）は、演劇で発表した作品の映画化ということもあり、演劇性はさらに高まった。毎日を無為に過ごす若者たちが、ファスビンダー演じるギリシャからの移民労働者に慌てる姿を正面からの固定ショットで見せた。

三作目の『悪の神々』（一九七〇年）からは普通のカット割りとわかりやすい編集が始まる。この映画には後に監督となるマルガレーテ・フォン・トロッタが主役級で出演している。『四季を売る男』（一九七一年）以降は、アメリカのダグラス・サーク作品の影響を受けてメロドラマ志向も加わる。また色彩豊かなセットはキッチュな感覚も生み出した。この作品はヴェネツィアに出品されて欧州各地及び日本で公開され、彼の国際的知名度が確立した。スイスの映画監督ダニエル・シュミットも端役で出ている。その後も『ペトラ・フォン・カントの苦い涙』（一九七二年）や『不安は魂を食いつくす』（一九七四年）でも書割のような室内でのどろどろとしたドラマは続く。

一九七九年の『マリア・ブラウンの結婚』からはドイツの二〇世紀を描く大作の「ドイツ三部作」が始まり、『ローラ』（一九八一年）、『ベロニカ・フォスのあこがれ』（一九八二年）と続く。この三本はヒットしたが、撮影所で時代を再現したセットや戦後ドイツの歴史を見せる内容とファスビンダー特有の舞台的な即興演出に齟齬《そご》が感じられるし、本人も出演していない。それにしても八二年に三七歳で亡くなるまで、一三年間に四〇本以上の長編を残したのは驚異的である。

ヴェンダースはできたばかりのミュンヘンテレビ・映画大学に入学し、一九七〇年に卒業制作として初長編『都市の夏』を監督した。あてどなく放浪する青年をロビー・ミュラーが撮影するという形は七〇年代の彼の作品に続いてゆく。続く『ゴールキーパーの不安』（一九七一年）は後にノーベル文学賞を受賞する作家、ペーター・ハントケの同名小説の映画化で、ヴェネツィアで国際批評家連盟賞を得た。ハントケとの協力は『まわり道』（一九七五年）、『ベルリン・天使の詩』（一九八七年）、『アランフエスの麗しき日々』（二〇一六年）と続く。

リュディガー・フォーグラーが放浪する青年を演じる『都会のアリス』（一九七四年）、『まわり道』『さすらい』（一九七六年）は「ロード・ムーヴィー三部作」と呼ばれ、彼の国際的評価を確立した。彼が日本で知られるようになったのは、ポルトガルを舞台に停滞する映画制作の現場を描いた『ことの次第』（一九八二年）がヴェネツィアで金獅子賞を受賞し、翌年日本で公開されてからである。翌八四年にはアメリカで撮影された『パリ、テキサス』がカンヌでパルムドールを受賞し、大きな話題となった。さらに『ベルリン・天使の詩』はカンヌで監督賞を受賞し、日本でも『パリ、テキサス』に続きフランス映画社の配給で、単館系で一年を超すロングランを記録した。

その後、日本でも撮影した『夢の涯てまでも』(一九九一年)以降の作品は時に期待外れもあったが、『ブエナ・ビスタ・ソシアル・クラブ』(一九九九年)を始めとして音楽家や芸術家を描く繊細なドキュメンタリーを何本も発表している。日本で製作された『PERFECT DAYS』(二〇二三年)はカンヌで主演の役所広司に男優賞をもたらし、日本代表としてアカデミー賞の国際長編映画賞にノミネートされた。

ヘルツォークは一九六八年に最初の長編『生の証明』を発表する。第二次世界大戦中に負傷してギリシャの島で療養するうちに暑さと孤独で精神を病んでゆく青年を描き、異郷と狂気という生涯続く彼のテーマを見せている。続く『小人の饗宴』(一九七〇年)では小人症の施設での反乱劇を描いて賛否両論を呼んだ。『アギーレ/神の怒り』(一九七二年)は一六世紀の南米で黄金の地を目指すスペイン人たちを描いたが、主演のクラウス・キンスキーの狂気の姿が強い印象を残した。ヘルツォークはその後も彼を主演に『ノスフェラトゥ』『ヴォイツェク』(共に一九七九年)、『フィツカラルド』(一九八二年)、『コブラ・ヴェルデ』(一九八七年)と四作品を作っている。世界各地の辺境まで出かけ、あるいは歴史上の奇矯な人間を見つけてカメラに収めるヘルツォークの手法はほかの同時期のドイツ映画とは異なるが、明らかに映画の新しい地平を開いたと言えるだろう。日本では『アギーレ／神の怒り』と『フィッツカラルド』『ヴォイツェク』が公開された一九八三年ごろが、彼が最も話題に上った時期だったのではないか。

そのほか日本では映画祭などでの上映がほとんどだが、ハンス＝ユルゲン・ジーバーベルク（一九三五年生まれ）とヴェルナー・シュローターがいる。どちらも映画にオペラを大胆に取り込んでいる点が特徴だが、ジーバーベルクは特にワーグナーを偏愛する。一九六五年から監督を始め、『ルードヴィヒⅡ世のためのレクイエム』（一九七二年）も『ヒトラー、あるいはドイツ映画』（一九七七年）も書割の前で登場人物が朗々と台詞を語るスタイルでドキュメンタリーのようでもある。シュローターはフィリップ・ガレルの『芸術の使命』に登場する唯一の外国人監督だが、『アイカ・カタパ』（一九六九年）で長編デビューして以来、オペラが鳴り響く耽《たん》美《び》的な作品を作ってきた。日本でも劇場公開された『薔薇の王国』（一九八六年）は、薔薇園に住む母親に溺愛された息子とその友人との同性愛を描く、息の詰まるような世界を構築した。

女性監督としては、一九四二年生まれのマルガレーテ・フォン・トロッタと一九四〇年生まれのヘルマ・サンダース＝ブラームスがいる。ファスビンダーの『悪の神々』などに出演したフォン・トロッタは、長編三本目の『鉛の時代』（一九八一年）で、女性監督として初めてヴェネツィアで金獅子賞を受賞し、サンダース＝ブラームスの『ドイツ・青ざめた母』（一九八〇年）と共に、女性の力強い生き方を追求する姿勢が日本でも注目された。フォン・トロッタは『ハンナ・アーレント』（二〇一二年）でも衰えることのない演出力を見せた。

瀬川裕司はこの時期のドイツ映画の特色として、主題としては〈疎外〉と〈挫折〉であり、美学としては〈唯美主義的傾向および／または悪趣味〉と書く。[*7]〈疎外〉と〈挫折〉は確かにすべての監督に共通するものだし、〈唯美主義的傾向および／または悪趣味〉はファスビンダー、ヘルツォーク、ジーバーベルク、シュローターなどに共通すると言えよう。日本で七〇年代後半にこの時期のドイツ映画を最初に上映したのは欧日協会であり、それは八二年に配給会社兼映画館のユーロスペースとなってからも続いた。

（4）スイス

スイスではまずアラン・タネールが中心となった。前述のようにクロード・ゴレッタと共にイギリスでフリー・シネマ運動に関わった後はスイスのテレビ局に勤め、六八年にはゴレッタらと共に「五人組」という映画革新運動グループを結成した。長編デビューは『どうなってもシャルル』（一九六九年）で、世襲企業の中年社長が突然失踪する話を描いてロカルノで金豹《きんぴょう》賞《しょう》を得た。この映画には明らかに資本主義社会への異議申し立てがあり、前年の五月革命の精神に連なるとも言えよう。この映画は撮影監督にその後スイスやフランスで大活躍をするレナート・ベルタ、主演にこれを機に有名になるフランソワ・シモンを起用したことでも重要である。

タネールは『サラマンドル』（一九七一年）、『ジョナスは2000年に25才になる』（一九七六年）、『光年のかなた』（一九八〇年）、『白い町にて』（一九八三年）と作り続け、次第に社会的哲学的な問題提起から自由なエッセーのようなスタイルやロマネスクな恋愛劇へと変貌していった。

クロード・ゴレッタは日本では『レースを編む女』（一九七七年）が公開されたが、若く貧しい女性の悲恋を繊細に描き高い評価を得て、主演のイザベル・ユペールを一挙に有名にした。この世代ではほかに「五人組」に参加した『測量士たち』（一九七二年）のミシェル・ステール（一九三二年生まれ）がいる。

次の世代としてはダニエル・シュミット（一九四一年生まれ）とフレディ・ムーラー（一九四〇年生まれ）が挙げられる。シュミットはベルリン自由大学に留学してファスビンダーと出会い、その〈唯美主義的傾向および／または悪趣味〉を引き継ぎ、さらに発展させている。最初の作品は『今宵かぎりは…』（一九七三年）で、ファスビンダーのパートナーだったイングリット・カーフェンを主人公に、イタリアのオペラをモチーフにした見世物を召使たちに見せる一夜を描く。

次の『ラ・パロマ』（一九七四年）はイングリット・カーフェン演じる娼館《しようかん》の歌姫と青年貴族（ペーター・カーン）の倒錯的な恋愛を見せた。おそらくシュミットの美学はこの作品で頂点に達した。そのオペラを中心にした平面的で装飾的な美学は、ドイツのシュローターやジーバーベルクに近い。その後もファスビンダーとの共同脚本でファスビンダーとカーフェンが主演する『天使の影』（一九七六年）のほか、『ヘカテ』（一九八二年）、『季節のはざまで』（一九九二年）、『ベレジーナ』（一九九九年）などほとんどの作品が日本で公開された。日本で製作された『書かれた顔』（一九九〇年）では、坂東玉三郎や杉村春子などをカメラに収めている。

私がシュミットを間近で見たのは『季節のはざまで』がプレミア上映された一九九二年のロカルノのパーティだったが、まるでアメリカの喜劇役者、グルーチョ・マルクスのような愉快な容貌に驚いた。

フレディー・ムーラーは一九六〇年代半ばからドキュメンタリーを作り始めたが、一九八五年の劇映画『山の焚火』はロカルノで金豹賞を得て日本でも公開された。山の中に住む家族の兄と妹の近親相姦《そうかん》をほとんど神話のように象徴的かつリアルに描いたこの作品は、大きな衝撃を与えた。

一九八〇年代前半にはフィルムセンター（現・国立映画アーカイブ）やアテネ・フランセ文化

センターで現代スイス映画特集が組まれて、ここに挙げた監督たちの映画が「新しい映画」として迎えられ、そのいくつかは七〇年代に遡って劇場公開された。タネールを配給したのは前述のユーロスペースだが、シュミットやムーラーを主に配給したのは西武百貨店が設立した映画会社、シネセゾンだった。世界的に見ても、日本はこの時期のスイス映画を最も高く評価した国である。

(5)スペイン

スペインとポルトガルでは戦前から七〇年代まで独裁政権が続いたが、スペインでは五〇年代から新しい映画が生まれた。一九二二年生まれのフアン・アントニオ・バルデムと二一年生まれのルイス・ガルシア・ベルランガがその代表で、二人とも一九四七年に設立された国立映画研究所の一期生である。前述の通りバルデムの『恐怖の逢びき』と『大通り』は後のN・Vのプロデューサー、ボールガールが『勝手にしやがれ』の前にスペインで製作した。『恐怖の逢びき』は金持ちと結婚した美女の不倫を冷ややかに描き、カンヌで国際批評家連盟賞を受賞した。ガルシア・ベルランガの『ようこそマーシャルさん』(一九五三年)はアメリカのマーシャル・プランの一行がやってくる村の騒動を描いたものだが、ブラック・ユーモアが冴えた喜劇である。

次の世代には一九三二年生まれのカルロス・サウラがいる。初長編『ならず者』（一九六〇年、未）はマドリード郊外の貧民窟の少年六人を描くドキュメンタリータッチの作品で、カンヌのコンペに出た。サウラは日本では『血の婚礼』（一九八一年）などフラメンコをテーマにした作品で知られており、おそらくスペインの監督で日本で劇場公開された作品が最も多い。『ならず者』の脚本に参加した一九三五年生まれのマリオ・カムスも『無垢なる聖者』（一九八四年）と『ベルナルダ・アルバの家』（一九八七年）が日本公開されている。

さらに若い一九四〇年生まれのビクトル・エリセは寡作だが、重要人物である。一九六九年にオムニバス『挑戦』（一九六九年）でデビューし、一九七三年に初長編『ミツバチのささやき』でサン・セバスチャン国際映画祭で金の貝殻賞を得た。幼い姉妹が見る不可思議な世界を、六角形の格子の入った窓を通した黄色い光や黒をバックにした室内に描き、バロック絵画を思わせた。スペイン内戦終結直後の一九四〇年を描きながらも、フランコ政権末期の映画制作時を想起させ、さらに映画『フランケンシュタイン』を重ねた。主演のアナ・トレントは日本で人気を呼び、彼女が主演の映画が何本も公開された。

その後は一九八三年に『エル・スール』、一九九二年に画家、アントニオ・ロペス・ガルシアのドキュメンタリー『マルメロの陽光』、二〇二三年に『瞳をとじて』と長編はこれまでに四作しか作っていないが、世界の映画ファンに愛されている。またどの作品にも濃厚な映画的記憶が感じられるが、二〇〇六年に溝口健二没後五〇年国際シンポジウムで東京に来たときは、兵役時代に見た溝口健二作品への深い愛情を語っていた。

スペイン出身で国際的に活躍したルイス・ブニュエルについても触れる必要があるだろう。一九〇〇年生まれなのでN・Vの世代ではないが、フランスやメキシコで活躍した後、一九六一年にスペインで『ビリディアナ』、翌年メキシコで『皆殺しの天使』を監督している。『ビリディアナ』はカンヌでパルムドールを受賞したが、スペインでは上映禁止となった。その人を喰《く》ったようなブラック・ユーモア溢れる作風は、スペインのみならず世界のN・Vの監督たちを刺激したに違いない。バルデム、ベルランガ、ブニュエル、サウラは「スペイン映画史上最も重要な監督たち」として「3B1S」と呼ばれたという。[*8]

(6) ポルトガル

ポルトガルではマノエル・デ・オリヴェイラが最も有名だが、スペインのブニュエルがそうであるように、一九〇八年生まれの彼をN・Vと呼ぶことは難しい。彼は一九四二年に『アニキ・ボボ』で子供たちをネオレアリズモばりに描いたが、一九六三年、キリスト受難劇を野外で演じる農民をメタ映画のように見せた『春の劇』上映後の体制批判で逮捕、サラザール政権により映画を撮ることを禁じられる。七〇年代になって、ようやく制作を許され、一九七二年の『過去と現在　昔の恋、今の恋』に始まって、二〇一二年の『家族の灯り』まで若々しいとしか言いようのない映画を長編だけでも二〇本以上残した彼は、どこかに隠れていて年を取らずに出現したN・V監督に思えてならない。自分と五歳しか違わない小津安二郎の生誕百年記念国際シンポジウムで二〇〇三年に来日し、元気に鎌倉の墓参りまで行った。

一般的にポルトガルの「ノヴォ・シネマ（新しい映画）」と呼ばれるのは、一九三五年生まれのパウロ・ローシャや一九三九年生まれのジョアン・セーザル・モンテイロからである。パウロ・ローシャはフランスのIDHECに学んでジャン・ルノワールの現場に付き、ポルトガルに戻ると『春の劇』でオリヴェイラを手伝った。一九六三年の『青い年』はまさにN・Vと呼ぶにふさわしい映画で、首都リスボンに出てきた一九歳の青年の彷徨と悲恋が全編ロケで鮮烈に描かれる。次の『新しい人生』（一九六六年）は兵役から帰ると恋人が兄と結婚していた悲劇とそこからの脱却を、海岸の村を舞台に静かに描いた。一九七五年から八三年には在日ポルトガル大使館で働き、八二年には日本との合作で『恋の浮島』を監督した。これは明治から昭和初期にかけて日本で暮らしたポルトガルの作家モラエスを描いたもので、大航海時代から現代までの時代を行き来し、ポルトガル、日本、中国の文学が引用される重厚な前衛的作品となった。

モンテイロはロンドン・フィルム・スクールに留学後、一九六九年に最初の短編『ソフィア・デ・メロ・ブレイナー・アンデルセン』（未）を発表した。同時代の女性詩人のドキュメンタリーだが、映画はカール・ドライヤーに捧げられ、ゴダールの『軽蔑』のように出だしのクレジットはナレーションで進む。そして詩人の朗読に合わせてバッハが流れる。初長編『映画的施しの断片』（一九七二年、未）からは、何もしない男の怠惰な日々を描く作品が続く。『シルヴェストレ』（一九八一年）以降はほとんどの作品にモンテイロ自身が登場し、貧相で滑稽な中年を演じる。N・Vのように映画愛の表現が多くの作品で現れ、『吸血鬼ノスフェラトゥ』（一九二二年）が引用されたり、ロッセリーニ、ロベール・ブレッソン、ジョン・ウェインなどの名前が出てきたり。かなり特異な存在ながら重要な監督と言えよう。

ポルトガル民主革命以降の監督としてモンテイロと並び称せられるのが、一九四九年生まれのジョアン・ボテリョである。最初の長編『終わった会話』（一九八一年）はフェルナンド・ペッソアとマリオ・デ・サ・カネイロの、詩人二人の交流を書割舞台と現代リスボンの街中での詩の朗読で描く異色作で、その書割舞台的演出はドイツのストローブ＝ユイレやジーバーベルクを思わせる。

私は二〇〇〇年に「ポルトガル映画祭２０００」を企画したが、テーマは「パウロ・ブランコと90年代ポルトガル映画」だった。ポルトガル出身のブランコはパリとリスボンに事務所を構えたプロデューサーで、オリヴェイラの『フランシスカ』（一九八一年）を始めとしてポルトガルの監督にフランスとの合作で次々に映画を撮らせた。彼はドイツのシュローターやヴェンダース、スイスのタネールなどの各国のN・Vの監督作品も手がけている。この映画祭ではモンテイロの『神の結婚』（一九九九年）やボテリョの『トラフィコ』（一九九八年）などを上映した。モンテイロを日本に招待しようとして手紙を書いたが返事がなく、リスボンの自宅に電話をしたことがあった。「日本は遠い」というのが日本に来ない理由だった。

(7) ギリシャ

ギリシャではテオ・アンゲロプロスが国際的な名声を得た。一九三五年アテネに生まれ、一九六一年からパリのソルボンヌ大学やＩＤＨＥＣに学びながらシネマテーク・フランセーズで多くの映画を見た後、ギリシャに戻って一九七〇年に初長編『再現』を発表する。ドイツでの出稼ぎからギリシャの山村に帰った男が殺される事件を描きながら、まるで古代ギリシャ悲劇のような格調高い映像を見せた。ロングショットを多用し、終盤にはカメラを３６０度パンさせて妻を見る住民たちを写すなど、彼ならではの手法も見ることができる。次の『１９３６年の日々』（一九七二年）からは「ギリシャ現代史三部作」が始まり、『旅芸人の記録』（一九七五年）、『狩人』（一九七七年）と続く。

『１９３６年の日々』はベルリンで国際批評家連盟賞を受賞し、その後も彼の作品は常に三大映画祭に出品されて受賞を重ねてゆく。特有の長回し、円環的な時間構造、象徴的な場面構成などで世界各地に熱狂的なファンを生み、日本ではその作品のほとんどをフランス映画社が輸入した。彼は『ユリシーズの瞳』（一九九五年）の公開に合わせて来日し、たまたま開催中の映画生誕百年記念シンポジウムの会場に現れたので、司会の蓮實重彦が舞台上に呼んだ。その後の夕食で夫人が「テオは映画のことしか頭になくて」と言っていたのを覚えている。私が学生時代を送った一九八〇年代前半の日本において、「映画青年」に最も尊敬された外国の監督は、アンゲロプロスと後述するタルコフスキーだったように思う。

イギリスやポーランドのようにフランスのN・Vに先んじた動きもあったが、欧州各国の若手監督は五〇年代後半から六〇年代のゴダールやトリュフォーの華麗な登場に刺激を受けた。イタリアのベルトルッチ、ドイツのシューレンドルフやヴェンダース、ポルトガルのローシャ、ギリシャのアンゲロプロスなど多くの監督がパリに行ってIDHECに通い、あるいはシネマテーク・フランセーズで浴びるほど映画を見て、帰国して自らの道を模索した。スイスのタネールやポルトガルのモンテイロも一時期パリに滞在したことを述べている。

この章の多くの作品が日本で公開されたのは、六〇年代の作品も含めて七〇年代後半から八〇年代のことである。日本経済は絶好調でバブルに向かっていた。一九八五年に創刊した季刊映画雑誌『リュミエール』の編集長となった蓮實重彥は、その創刊号の特集を「73年の世代」とし、ヴェンダース、シュミット、エリセ、アンゲロプロス、アメリカのクリント・イーストウッドなどを高く評価した。当時は彼が推す監督や作品を、配給会社が狙って買い付けるほど強い影響力を持っていた。

第八章
旧共産圏とアメリカ大陸

『灰とダイヤモンド』（アンジェイ・ワイダ監督、1958年）　写真：Album/アフロ

（１）ポーランド

第二次世界大戦後、旧ソ連の後押しで東欧の各国が社会主義国となり、一九五五年にはワルシャワ条約によってソ連を中心にそれらの国々の軍事的連携を強める同盟ができた。その一方で、五六年のハンガリー動乱や六八年のプラハの春を始めとして、ソ連中心の社会主義に疑問を持つ動きが各地で生まれた。Ｎ・Ｖの動きは基本的には第二次世界大戦の悲惨な経験とそれを映画に表したイタリアのネオレアリズモの影響が大きかったが、旧共産圏で特に映画革新運動が盛んだったのは、ソ連とそれに連帯する各国政府と民衆との間に絶えず存在した微妙な摩擦によるところもあるのではないか。

中でもフランスのＮ・Ｖに先んじたのが「ポーランド派」である。彼らはＮ・Ｖよりも少しだけ年上の世代に属する。その先陣を切ったのが一九二六年生まれのアンジェイ・ワイダ監督だ。『世代』（一九五五年）は、一九四三年のドイツ占領下におけるポーランド人の若者のレジスタンスを描くが、その描き方はあくまで等身大だし、ほとんどがロケの撮影である。ワイダは以下のように述べている。

要するに、わたしたちみんながイタリア・ネオリアリズム映画を愛好していた、ということです。その傾向の映画に惚《ほ》れ込んでいました。全員が占領を肌身で体験していたため、それをテーマにするのは今日とは違ってずっと単純で日常的なことに思われたのです。わたしたちは武器を執った若者を直接に知っていましたし、彼らはわたしたちと共にいました。彼らのうちだれひとりとして、自分を英雄だなどとは考えてはいなかった。[*1]

これまでの映画になかった、自分たちだけが知っている日常を描くというN・Vの基本を示した言葉だろう。その後ワイダは一九四四年九月のワルシャワ蜂起の終焉を『地下水道』（一九五七年）で描いてカンヌで審査員特別賞を取り、『灰とダイヤモンド』（一九五八年）では四五年五月の終戦の一日を見せてヴェネツィアで国際批評家連盟賞を得た。この三本を見ると、スターリンが一九五六年に没してからポーランドでも「雪解け」が進み、共産党批判が現れると同時に社会主義リアリズムから自由で詩的な表現が広がってゆくさまがよくわかる。『灰とダイヤモンド』では主人公マチェクが労働党県書記シュチューカを殺し、倒れてきた死体を抱きとめると背後で花火が見え、自らは白くはためく洗濯物の中で倒れるといった象徴的表現が用いられている。

吉田喜重がN・Vよりもポーランド派に近いと述べているのは、明らかにその政治性にあると思われる。それぞれの状況は異なるが、共産主義への反発は共通している。またワイダが

「フランスのヌーヴェルヴァーグは、世界の映画芸術にさほど多く新しさをもたらさなかったと思う」[*2]と述べているのも興味深い。一方で批評家時代のトリュフォーにもゴダールにも「ポーランド派」への言及はない。

『世代』の次に話題になったのは、イェジー・カヴァレロヴィッチ（一九二二年生まれ）の『影』（一九五六年）とアンジェイ・ムンク（一九二〇年生まれ）の『鉄路の男』（一九五七年）である。カヴァレロヴィッチは一九五二年に共同監督『集団』（未）で長編デビューしたが、『影』はある事件をきっかけに、三人の人物による一九四三年、一九四六年、一九五五年の回想を並べて共産党支配の強い影を内省的に描いた異色作である。『夜行列車』（一九五九年）と『尼僧ヨアンナ』（一九六一年）では政治色は薄まり、人間存在の不確かさや虚無感を描いた。

ムンクの『鉄路の男』は元鉄道技師が列車に轢《ひ》かれた事件をめぐって、鉄道員たちの異なる証言が織りなす物語だ。黒澤明の『羅生門』に似た構造だが、事件の奥にある能率一辺倒の官僚主義への批判が明らかだ。次の『エロイカ』（一九五七年）では戦時中のポーランド兵の行動を告発し、撮影中に亡くなった遺作『パサジェルカ』（一九六三年）ではアウシュヴィッツ収容所の過去を暴いた。

ワイダもムンクもできたばかりのウッチ映画大学の出身者で、ここからはロマン・ポランスキー（一九三三年生まれ）やイェジー・スコリモフスキー（一九三八年生まれ）も出ており、ポーランド派を形成している。ポランスキーは長編デビュー作『水の中のナイフ』（一九六二年）で裕福な夫婦を手玉に取る若者を不条理劇のように描いた。彼はこの作品の後に国外に出て『ローズマリーの赤ちゃん』（一九六八年）や『戦場のピアニスト』（二〇〇二年）などで高い評価を得ている。

これまでに書いたポーランド派の監督たちに比べると、スコリモフスキーは当時日本で劇場公開されなかったこともあってその評価は高くなかったが、最近の作品が話題になり、ポーランド映画祭などを通じてかつての作品の再評価が進んでいる。彼はワイダの『夜の終りに』（一九六〇年）やポランスキーの『水の中のナイフ』の共同脚本に参加し、兵役に行く前の男の彷徨を監督本人が演じる『身分証明書』（一九六四年）でデビューした。翌年の『不戦勝』はその続編で、就職を拒みながらボクシングに打ち込む青年を再び本人が演じた。どちらも長回しのカメラが特徴的で、『不戦勝』では走る列車から飛び降りる主人公をワンカットで見せた。『バリエラ』（一九六六年）は青年の旅立ちをシュールなショットを交えて描く。『出発』（一九六七年）はN・Vの申し子、ジャン＝ピエール・レオーを主演に迎えてベルギー資本でブリュッセルで撮影されたが、それまでの作品に比べて一挙にコメディタッチになった。

同じ年の『手を挙げろ！』で再び監督が主演を務めたがスターリン批判とみなされ上映中止になり、英国や米国での映画製作が始まる。『ライトシップ』（一九八五年）以降は映画から遠ざかっていたが、ポーランドに帰国後の『アンナと過ごした4日間』（二〇〇八年）以降、精力的に活動している。

そのほかこの時期のポーランドの監督としてヴォイチェフ・イェジー・ハス（一九二五年生まれ）がいる。日本ではヤン・ポトツキの奇書を映画化した『サラゴサの写本』（一九六五年）やブルーノ・シュルツの小説の映画化『砂時計』（一九七三年）が映画祭で上映され、その幻想的な作風が人気を呼んだ。

ちなみに一九五九年の「キネマ旬報ベスト・テン（外国映画）」では『灰とダイヤモンド』が二位、『影』が六位で、フランスの『いとこ同志』が四位、『恋人たち』が五位、『二十四時間の情事』が七位と、ポーランド派とN・Vが拮抗《きっこう》している。その後ポーランド映画がベスト・テンに挙がるのは、六二年の『尼僧ヨアンナ』（六位）と六四年のムンクの遺作『パサジェルカ』（四位）があるだけで、その後は八〇年のワイダの『大理石の男』（一九七七年、四位）までない。

(2) チェコ

旧チェコスロヴァキアにおけるN・Vの始まりと言われるのは、ミロシュ・フォルマン（一九三二年生まれ）の『コンクール』と初長編『黒いペトル』（共に一九六三年）である。しかしその前に「『チェコスロヴァキア・ヌーヴェルヴァーグ』の端緒を開いた一本」[*3]とされるのが、一九二四年生まれのフランチシェク・ヴラーチル監督の第一回長編『鳩』（一九六〇年）であり、ヴェネツィアなどで上映されて高い評価を得た。日本では二〇一七年にフィルムセンターの「チェコ映画の全貌」で上映された。

バルト海の島で鳩を放つ少女とプラハでその鳩を撃つ車椅子の少年を隠喩に満ちた前衛的な画面構成で描き、大島渚の第一作『愛と希望の街』を思わせる内容だが、こちらはより抽象的な指向が強い。チェコ出身でパリで活躍した映画史家リーム夫妻はこれをチェコ映画における社会主義リアリズムに対する反乱と書く。[*4]この監督の『マルケータ・ラザロヴァー』（一九六七年）は二〇二二年に日本で初めて劇場公開されたが、無声映画のように中間字幕を多用した大胆な語りや奥の深い画面や手持ちカメラで一三世紀のチェコの王族と騎士団の戦いを再現した異色作である。

計算し尽くされた画面を構成するヴラーチルに比べると、フォルマンの『コンクール』と『黒いペトル』の二作は軽やかでN・Vらしい。ドキュメンタリーを思わせる作りで、前者ではロックと伝統的なブラスバンドを対比させ、後者では自由な息子と彼に説教ばかりする父親を対立させる。すべてロケ撮影で演じるのは素人俳優（二作で重なる）だが、ほとんど即興のように見える。『ブロンドの恋』（一九六五年）は地方都市の工場で働く娘の初恋を甘酸っぱいタッチで描き、『火事だよ!カワイ子ちゃん』(一九六七年)では消防署を退職した元署長を祝うパーティと美人コンテストの混乱を皮肉たっぷりに描いた。その後渡米し、『カッコーの巣の上で』(一九七五年)や『アマデウス』(一九八四年)などで高い評価を受けた。

女性監督のヴェラ・ヒティロヴァ(一九二九年生まれ)は、『ひなぎく』(一九六六年)で有名だが、それ以前の作品も極めて興味深い。彼女は一九六三年に中編『天井』(一九六一年)と『袋いっぱいの蚤』(一九六二年)が同時公開されて注目を集めた。卒業制作の中編『天井』は若いモデルの女性の彷徨を描いた点でヴァルダの『5時から7時までのクレオ』を思わせ、『袋いっぱいの蚤』は紡績工場で働く寮住まいの若い女性たちを新入りのエヴァの視点から捉えた。エヴァのモノローグに加えて、人物たちがカメラに向かって話すなど、N・Vそのものだ。

初長編『違う何か』(一九六三年、未)では実在の体操選手エヴァと普通の主婦ヴィエラを交互に見せる。エヴァは夫であるコーチと共にもがき苦しみながら世界選手権で優勝する。ヴィエラは夫と息子と暮らす主婦の退屈な日常に耐え切れず、若い男と不倫をするが戻ってくる。中編二作よりは完成度が高く、何の関係もない二人の女性の生き方を刻一刻と対比させる。前述のリームは「六〇年代の最高のチェコ映画の一本」[*5]と書く。

世界的に知られる『ひなぎく』は娘二人のハチャメチャな大騒ぎを描いたものだが、それまでの作品の日常の描写から大きく飛躍して象徴的な表現が目立つ。そのサイケデリックな色彩から浮かびあがるのは、管理社会や文明への強烈な批判である。女性の生き方を真摯に模索する姿勢も含めて映像の革新性という点では、ヒティロヴァは同時期のフォルマンよりもはるかに先を行っていたように今の目からは見える。

一九三六年生まれのヤン・ニェメッツは、初長編『夜のダイヤモンド』（一九六四年）で注目された。ナチスの強制収容所行きの列車から脱出した二人の少年の逃亡を描いたものだが、台詞はほとんどなく、過去の記憶や幻想などが自由に挿《はさ》み込まれた意欲作である。続く『パーティーと招待客』（一九六六年）が体制批判として上映禁止となり、一九七四年に西ドイツに亡命した。

一九三八年生まれのイジー・メンツェルは、長編デビュー作『厳重に監視された列車』（一九六六年）でドイツ支配下のチェコの小さな駅を舞台に、童貞に悩む青年がいつの間にかレジスタンス活動に関わるさまを魅力的な人物たちと共に描き、アカデミー賞外国語映画賞を受賞。『つながれたヒバリ』（一九六九年）はスクラップ工場で働く思想犯の男たちや亡命に失敗して収監された女たちの日々をユーモアと詩情を交えて描く傑作だが、上映禁止となった。一九九〇年に上映が許可され、同年のベルリンで金熊賞を得た。

そのほかチェコの監督としては、『叫び』（一九六三年）や『受難のジョーク』（一九六八年）で知られるヤロミル・イレシュ（一九三五年生まれ）や、ミロシュ・フォルマンの初期作品で共同脚本を務めて『親密な照明』（一九六五年、未）でデビューしたイヴァン・パッセル（一九三三年生まれ）などが知られる。

ポーランドと同じく、チェコでも国立映画学校が大きな役割を果たした。ここに挙げたフォルマン、ヒティロヴァ、ニェメツ、メンツェルなど多くの監督が一九四六年に設立されたプラハ舞台芸術アカデミー映画テレビ学部（FAMU）の出身である。

（3）ハンガリー

ハンガリーでは、ヤンチョー・ミクローシュ（一九二一年生まれ）が国際的に最も有名である。ヤンチョーは一九五八年に『鐘はローマに行った』（未）で長編デビューし、日本でも公開された『密告の砦』（一九六六年）によって国際的に評価された。これは一八六七年のオーストリア＝ハンガリー帝国成立後の反乱軍を集めた牢獄《ろうごく》を舞台に、次々に密告によって処刑が進む様子を描いた。何もない荒野の中の牢獄で、獄中の全員が疑心暗鬼になる様子を長回しのロングショットを用いてシャープな白黒で描き、強い印象を残した。

歴史劇の中にハンガリーの現状を隠喩的に描く手法は続く。『赤と白』（一九六七年）はロシア革命中の革命（赤）軍と反革命（白）軍の双方の虐殺とそれに巻き込まれるハンガリー人たちを描き、『シロッコ』（一九六九年）は一九三〇年代にハンガリーに逃れたユーゴの革命家の悲劇を長回しで見せた。カンヌで監督賞を得た『赤い賛美歌』（一九七二年）は一九世紀末の農民の反乱を描いたもので、彼の頂点と言えよう。八七分がわずか二六カットの長回しで撮影されており、白いシャツやワンピースを着て赤いリボンをつけて歌い踊る何十人もの民衆たちを手持ちカメラが追いかける。政治性がそのまま美学となって表現された画面には息を呑《の》むしかない。

ヤンチョーの二番目の妻だったメーサーロシュ・マールタ（一九三一年生まれ）の作品は、長い間日本では劇場公開されなかったが、二〇二三年に五作品が上映されて驚きを持って迎えられた。一九六八年の初長編『娘』（未）は養護施設で育った女性が二四歳で母親に会いに行く話だが、暗澹たる展開で絶対的な孤独を描く。ゴダール作品に何本も出演するサボー・ラースローが脈絡なく出てくるのも興味深い。三本目の『ドント・クライ　プリティ・ガールズ！』（一九七〇年）は、工場で働く若いカップルを描く青春映画である。婚約者がいるにもかかわらずハンサムな歌手に惹かれる娘の複雑な心理が、全編を通して流れるポピュラー音楽と共に語られる。

『アダプション／ある母と娘の記録』（一九七五年）からは女性の生き方を映画の中心に据える。『アダプション』は夫を亡くして愛人との子供を欲しがっている中年女性と、寄宿学校に住みながら結婚を願う一七歳の少女との交流を丁寧に見せた。『ナイン・マンス』（一九七六年）ではシングルマザーの結婚をめぐる困難を女性の立場から描き、最後に主演女優の本当の出産シーンを置いた。

『マリとユリ』（一九七七年）では夫と微妙な関係にある三〇代と四〇代の二人の女の奇妙な連帯を描く。『ふたりの女、ひとつの宿命』（一九八〇年）は友人に自分の夫との子供を産んでもらう女性を取りあげた。『アダプション』ではサボー・ラースロー、『マリとユリ』ではマリナ・ヴラディ、『ふたりの女、ひとつの宿命』ではイザベル・ユペールと、ゴダールを始めとするフランスのN・Vの映画に出演する俳優を起用しているのも興味深い。

もう一人、日本でよく知られているのはサボー・イシュトバーン（一九三八年生まれ）で、長編デビュー作『幻影の年』（一九六四年、未）と『父』（一九六六年、未）では、戦後ハンガリーのアイデンティティを求める青年を描く。『幻影の年』は就職したばかりの若者の群像恋愛劇でフランスのN・Vを思わせ、トリュフォーの『大人は判ってくれない』の看板も出てくる。『父』は、少年がレジスタンスの英雄と言われた父親の死の真相を乗り越えて大人になる過程を見せた。

日本で公開されたのは『コンフィデンス　信頼』（一九七九年）からで、『メフィスト』（一九八一年）、『ハヌッセン』（一九八八年）、『ミーティング・ヴィーナス』（一九九一年）など国際合作による歴史ものの大作が次々と公開された。

コーシャ・フィレンツ（一九三七年生まれ）は、日本では初長編『一万の太陽』（一九六五年）や『もうひとりの人』（一九八八年）が映画祭で上映されている。『一万の太陽』は一九三〇年代から三〇年間のハンガリーを、農村の夫婦を中心に描いた叙事詩的作品で、時代に翻弄される庶民の姿を美的でありながら隠喩を含むショットで構成することに成功している。終盤が五六年のハンガリー動乱を背景にしているために上映禁止となったが、二年後にカンヌに出品されて監督賞を受賞した。

（4）旧ユーゴスラヴィア

旧ユーゴスラヴィアではドゥシャン・マカヴェイエフ（一九三二年生まれ）が海外で知られている。彼の最初の長編『人間は鳥ではない』（一九六五年）は、一見ネオレアリズモ風に工場の現場を描いたものだが、勲章をもらう労働英雄が実は若い娘とできていたり、労働者が妻のドレスを愛人に渡したりと、性的な奔放さがあちこちに見られる。『愛の調書、又は電話交換手失踪事件』（一九六七年）は、電話交換手の娘とアラブ系の衛生検査技師の恋を描くものだが、性科学者や犯罪学者を登場させて、恋人の浮気に狂う男を冷ややかに見せる。娘がカメラを向いて話したり、ソ連の十月革命の映像や革命歌が挿み込まれたりするシーンはゴダールを思わせる。アーカイブ映像を編集によって巧みに使う手法は、一九四二年に作られた幻の映画をめぐって出演者が語り合う『保護なき純潔』（一九六八年）で駆使され、ベルリンで審査員特別賞をもたらした。『WR：オルガニズムの神秘』（一九七一年）では性科学者ウィルヘルム・ライヒを描きながらユーモアたっぷりに性の謎を追求し、同時にスターリンやソ連を痛烈に揶揄《やゆ》して自国では上映禁止となった。『スウィート・ムービー』（一九七四年）以降は海外で監督を続けるが、センセーショナリズムに流されてしまった感がある。

（5）旧ソ連

旧ソ連では何と言ってもアンドレイ・タルコフスキー（一九三二年生まれ）が一番有名だ。国立映画大学の卒業制作『ローラーとバイオリン』（一九六〇年）からすでに水や鏡への豊かな感受性を見せ、次の『僕の村は戦場だった』（一九六二年）では目の前で起こる戦争に少年の記憶やニュース・リールを混在させて、心象風景を浮かびあがらせ、ヴェネツィアで金獅子賞を得た。以降、彼の作品は『アンドレイ・ルブリョフ』（一九六六年）、『惑星ソラリス』（一九七二年）、『鏡』（一九七五年）、『ストーカー』（一九七九年）と国際映画祭の常連となった。『ノスタルジア』（一九八三年）はイタリアで、遺作『サクリファイス』（一九八六年）はスウェーデンで撮影された。人間存在の根源を自然や記憶と共に描こうとする映像は後期になるにしたがって純化され、「魂の叫び」としか言いようのない作品群を残した。『ノスタルジア』以降はソ連に戻ることなく、政府からの帰国要請も拒否して八六年にパリで客死した。

セルゲイ・パラジャーノフ（一九二四年生まれ）は、一九五四年に『アンドリエーシ』の共同監督で長編デビューするが、国際的に知られるのは『火の馬』（一九六四年）からである。パラジャーノフはジョージア（旧グルジア）生まれだが、この作品はウクライナの小説を原作としてウクライナ語で撮影された。山村に住む若い男女の悲恋を描いた作品だが、季節の変化と農民たちの暮らしが数々の民俗音楽と共に神話的なレベルに高められており、強い印象を残した。

その後、六九年にアルメニアで『サヤト・ノヴァ』を監督するが、政府から批判されて七一年に改訂版が『ざくろの色』として公開された。ほとんどカメラは動かず台詞の多くは字幕で、摩訶《まか》不思議で装飾的で象徴的なシーンが次々と展開する。その後も『スラム砦の伝説』（一九八四年）、『アシク・ケリブ』（一九八八年）と監督し、神秘溢れる独自の映像美学を作りあげた。

ジョージアの新しい映画の出発点は、テンギズ・アブラゼ（一九二四年生まれ）とレヴァズ・チヘイゼ（一九二六年）の『マグダナのロバ』（一九五五年）と言われる。[*6] この映画で貧しい家族が裁判で負ける姿はまるでネオレアリズモの代表作であるルキノ・ヴィスコンティの『揺れる大地』（一九四八年）を思わせるほど力強さに満ちている。アブラゼはその後も『祈り』（一九六七年）、『希望の樹』（一九七六年）、『懺悔』（一九八四年）の「祈り三部作」で、人間の善意や美しさを社会の愚かさと対比させて象徴的手法で見せた。

ジョージア映画で、オタール・イオセリアーニ（一九三四年生まれ）は突出している。中編『四月』（一九六二年）は若いカップルを風刺たっぷりの無言劇（音楽と物音だけ）で描き、フランスのジャック・タチを思わせた。初長編の『落葉』（一九六六年）はワイン醸造所で働き始めた若者から見た大人の世界を、皮肉を交えながらコミカルに見せる。その後一九七九年にフランスに移住するが、貧しくても気楽に生きてゆく庶民の姿を少し間の抜けた感じのするユーモアで描くタッチは遺作の『皆さま、ごきげんよう』（二〇一五年）まで変わらない。彼の作品は日本ではビターズ・エンドが配給した。

エルダル（一九三三年生まれ）とゲオルギ（一九三七年生まれ）のシャンゲラヤ兄弟も知られている。弟のゲオルギが画家の生涯をミニマルな画面で描いた『ピロスマニ』（一九六九年）は日本でも公開されて話題になった。多くの人物が正面から捉えられ、左右対称の画面が紙芝居のように進む手法は、パラジャーノフやドイツのジーバーベルクを思わせる。この監督はすでに卒業制作の中編『アラヴェルディの祭』（一九六二年）で、一人の若者が宗教的な祭の現代的意味を問う思索的な姿を見せていた。兄のエルダルは全く違うスタイルで、『奇妙な展覧会』（一九六八年）や『奇人たち』（一九七三年）で愛すべき庶民たちの生き方を誇張やファンタジーによる表現で楽しく見せた。

そのほか、ラナ・ゴゴベリゼ（一九二八年生まれ）は初長編『ひとつ空の下―3つのエピソード』（一九六一年）から女性を主人公としてその生き方を描いてきた。『インタビュアー』（一九七九年）は女性新聞記者の職場と家庭の葛藤を描き、ジョージア初のフェミニズム映画と言われる。なお、ジョージア映画は多くが岩波ホールで公開されたが、そこに勤務したはらだたけひでは、ホール閉館後も「ジョージア映画祭２０２４」を企画している。

レニングラード（現在のサンクト・ペテルブルク）の撮影スタジオ「レンフィルム」の監督たちも挙げるべきだろう。日本では一九九二年に「レンフィルム祭」が開催され、蓮實重彥監修で二六本が上映された。私が企画した最初の映画祭だったが、多くは政府によって長年上映が禁止されており、ペレストロイカ以降に上映可能となった作品だった。この中ではアレクセイ・ゲルマン（一九三八年生まれ）の『道中の点検』（一九七一年）や『わが友イワン・ラプシン』（一九八二年）など、現実と虚構が混じり合う不条理劇が映画祭の中心となった。

そのほかドキュメンタリー出身で『トルペド航空隊』（一九八三年）の戦闘シーンが話題になったセミョーン・アラノヴィッチ（一九三四年生まれ）、ゲルマンの協力で五三歳で衝撃の初長編『動くな、死ね、甦れ！』（一九八九年）を撮ったヴィターリー・カネフスキー（一九三五年生まれ）、『マリア』（一九七五年）でデビューし、現在は巨匠として旺盛な活動を続けるアレクサンドル・ソクーロフ（一九五一年生まれ）などがいる。この四人は一九九二年に来日した。

(6) ブラジル

前述の通り、世界のN・Vの中でポーランドやイギリスは明らかにフランスに先んじたが、ブラジルもその動きは早かった。これは六〇年代になって「シネマ・ノーヴォ」として世界的に知られるが、その先駆となるのがネルソン・ペレイラ・ドス・サントス(一九二八年生まれ)の初長編『リオ40度』(一九五六年)と『リオ北部』(一九五七年)である。『リオ40度』は五人の貧しいピーナッツ売りの少年があちこちに出かけて販売する中で、リオに生きる人々のそれぞれの現実が浮かびあがる。今福龍太はこの映画についてこう述べる。

『リオ40度』がシネマ・ノーヴォの旗印になっていく理由は、巨大資本の撮影所システムから離れて、スタッフと撮影クルーと出演者たちの寄付や協力によって製作資金を集めた自主制作による完全なインディペンデント映画だったことです。そして、すべてを野外で撮影し、スタジオでの撮影は一切行わなかった。それから職業的な俳優もほとんど出演しておらず、ほとんどみな演技の素人がやっています。このような、イタリアのネオレアリズモの影響から始まった新しく軽快な映画手法が、ブラジルに初めて生まれたのです。[*7]

『リオ北部』は全編が列車からの転落事故に遭った男の回想だが、才能溢れるサンバの作曲家でありながら友人たちに騙されて厳しい生活を強いられる男の悲劇を見つめる。こちらの方が物語性が強く見やすいが、いつの間にか街の人々のさまざまな素顔が現れる『リオ40度』がより革新的だろう。

彼の名前が国際的に知られるのは一九六三年の『乾いた人生』からで、翌年のカンヌで「国際カトリック事務局賞」などを受賞し、各地で公開された。これはブラジル東北部に生きる最下層の農民家族を描いたもので、その美的なセンスや不条理な感覚はミケランジェロ・アントニオーニを思わせる。一九八一年の『監獄の記憶』は、ヴァルガス独裁政権によって一九三六年に政治犯で逮捕された小説家、グラシリアーノ・ラモスを描く。牢獄でもペンと紙を手放さず原稿を書き続ける壮絶な姿を、囚人や看守たちとの交流の中で描く三時間強の力作だ。

彼の作品は長い間日本で劇場公開されなかったが、一九九九年にドス・サントス本人が山形国際ドキュメンタリー映画祭（以下、「山形」）の審査員として来日して『乾いた人生』が上映されたほか、翌年の「ブラジル映画祭2000　ネルソン・ペレイラ・ドス・サントス特集」で『リオ40度』や『監獄の記憶』など多くの作品が上映された。

ドス・サントスと共にシネマ・ノーヴォを代表するのが、一九三八年生まれのグラウベル・ローシャである。彼は映画批評から始めて、一九六二年に長編『バラベント』を発表した。アフリカ系移民の住む漁村を舞台に、網元の支配や古くからの信仰や習慣に逆らおうとする姿は、ヴィスコンティの『揺れる大地』を思わせるが、階級闘争ではなく土俗的な世界からある種の神話性を構築する演出は、その後の作品でも続く。またセルゲイ・エイゼンシュテインの『戦艦ポチョムキン』(一九二五年)のように虐殺される大衆を印象的な顔のモンタージュで描く手法も彼の特徴的なスタイルだ。なお、この作品の編集はローシャが敬愛するドス・サントスが担当している。

次の『黒い神と白い悪魔』(一九六四年)では、その神話的世界に西部劇などのジャンル映画的な様式美も加わる。主人公が頼る黒人の神父に手を焼く教会は、アントニオ・ダス・モルテスという殺し屋を雇う。銃による信者たちの殺戮《さつりく》はまるで同時期のイタリアのマカロニ・ウェスタンのようだ。そもそもナレーションがギターの弾き語りで歌われる点もいかにもキッチュな印象を残す。

その続編である『アントニオ・ダス・モルテス』(一九六九年)ではアントニオが主人公となるが、支配者の権力構造をリアリズムによってではなく、そこかしこに象徴的な表現を見せながら描く。ローシャは同年にゴダールの『東風』に端役で出演しているが、この二本にはどこか似た抽象的な政治性が感じられる。一九六四年にカステロ・ブランコによるクーデターで軍事政権が成立し、文化弾圧が進んだことも大きいだろう。今福龍太はドス・サントスを「精神的な支柱」とし、ローシャを「革命児」と呼んでいる。[*8] また彼によれば「シネマ・ノーヴォ」という言葉を一九六二年に提唱したのもローシャのようだ。[*9]

一九三二年生まれのジョアキン・ペドロ・デ・アンドラーデは、二作目の長編劇映画『マクナイーマ』（一九六九年）によって世界的に知られることになった。これは黒人の中年男の姿で生まれたマクナイーマが魔法の泉で白人青年になり、兄二人と共に旅をする極彩色の奇想天外な物語で、あちこちに組み込まれた隠喩や象徴の渦はローシャの比ではない。この作品が作られた前年には軍事政権から戒厳令に似た法令が出され、芸術家は決定的な打撃を受けた。今福龍太は「トロピカリズモと呼ばれる、シネマ・ノーヴォ以後の時期のブラジル映画のパロディックで祝祭的な語り口は、抑圧的な政治状況にたいするさまざまな暗黙の抵抗と、権力の解毒剤としての批評性を孕《はら》んでいる」[*10]と書く。

この作品は、日本では二〇〇八年の東京フィルメックスで同監督の『夫婦間戦争』（一九七五年）などと共に初めて上映されて衝撃を与え、この二本は二年後に劇場公開された。

(7) キューバ

一九世紀末の米西戦争後キューバは親米政権が支配していたが、フィデル・カストロは一九五九年に革命政権を樹立し、アメリカと対峙した。カストロは若手映画人と共にキューバ映画芸術産業庁を設立し、娯楽を中心としたアメリカ映画とは異なる啓蒙《けいもう》主義的な映画の製作を促した。その創立者の一人が一九二八年生まれのトマス・グティエレス・アレアで、彼は五〇年代前半にローマの国立映画実験センターに留学し、ネオレアリズモの薫陶を受けた。数本のドキュメンタリーの後に作った最初の劇映画が『12の椅子』（一九六二年）で、革命後政府に財産を渡さないために一二の椅子の一脚に宝石を隠した老女の遺言を受けて、娘婿や神父が探し回るコメディ。富裕層や聖職者を皮肉った作品だが、プロパガンダ的な匂いは感じさせない。

『ある官僚の死』（一九六六年）は模範的な労働者が亡くなり、その妻と甥《おい》が官僚体質の役所で苛め抜かれるさまをシュールなまでに極端に描く。冒頭にこの作品を捧げる監督の名前が一〇人ほど出てくる。役所内のたらい回しは黒澤明の『生きる』（一九五二年）を思わせ、高層ビルの時計にぶら下がるシーンはハロルド・ロイドの『ロイドの要心無用』（一九二三年）そのままで、一人の男が何十人かに追いかけられるシーンはバスター・キートンの『キートンのセブン・チャンス』（一九二五年）を想起させる。不思議なのは巨匠ばかりでフランスのN・Vもイタリアのネオレアリズモもいないことだ。

『低開発の記憶　メモリアス』（一九六八年）は、一九六一年に自分の妻も含めて多くの富裕層が米国へ逃げ出した後に、一人でハバナに暮らす三八歳の男の日々を描く。それまでの戯画的な表現ではなく、何の目的もなく若い女性を誘惑する姿が彼の独白やニュース、記憶の映像など共にコラージュのように展開する。その混乱した自画像はフランスのN・Vを思わせる。『苺とチョコレート』（一九九三年）はベルリンで審査員特別賞を取り、アカデミー賞で外国語映画賞にノミネートされて、この監督を一挙に国際的に有名にした。一九七九年を舞台に、ある田舎出の大学生が同性愛の男に誘惑され、その教養の深さや優しさに惹かれて友情を深める話で、明らかな体制批判が感じられる。しかしこれまでの作品の多義的な表現は抑えられている。

一九四一年生まれのウンベルト・ソラスは、『ルシア』（一九六八年）で知られる。これは一八九五年の独立戦争、一九三二年のマチャード独裁下の革命運動、一九六一年のキューバ革命後という三つの時代をルシアという名前の女性を主人公に描く。最初のルシアはスパイに騙され、次のルシアは革命運動に勝利するが恋人を亡くし、最後のルシアは革命後も保守的な夫に翻弄される。キューバの現代史を克明に見せると同時に、女性の立場から革命運動を描いた点が新しい。特に最後の、革命後にもマッチョな性格を変えることのできない夫の描写は痛烈である。

(8) アメリカ

アメリカにおける六〇年代以降の新しい映画の動きについて語るのは私には荷が重過ぎるが、とりあえず「ニュー・アメリカン・シネマ」（「アメリカン・ニューシネマ」ではない」）の中心となったジョナス・メカス（一九二二年生まれ）、独自の即興的な演出手法を生み出したジョン・カサヴェテス（一九二九年生まれ）とシャーリー・クラーク（一九一九年生まれ）、ドキュメンタリーで孤高の位置を築いたフレデリック・ワイズマン（一九三〇年生まれ）とロバート・クレイマー（一九三九年生まれ）を挙げておきたい。

リトアニア生まれのメカスは、一九四九年に難民としてアメリカにやってきた。一九五五年に雑誌『フィルム・カルチャー』を創刊し、六一年には「ニュー・アメリカン・シネマのための第一宣言」を発表する。六二年には「フィルムメーカーズ・コーペラティヴ」を組織して自主上映を始めた。七〇年には現在も活動中の映画保存・上映機関「アンソロジー・フィルム・アーカイヴズ」を創設した。

映画作家として最初に知られるのは、一九六四年のヴェネツィアで最優秀ドキュメンタリー賞を取った『営倉』によってである。当時前衛劇団として知られた「リビング・シアター」の芝居を撮影したものだが、手持ちの長回しカメラで富士山麓の米軍基地内営倉の囚人一一名が看守三名に苛め抜かれるさまを見せる。終わりに劇団の名前が出るまでは本当に富士山麓で撮られたドキュメンタリーかと思うほどの迫真の映像である。実際には公演が禁じられた劇団に観客なしの上演を依頼して撮影したものだが、演劇、映画、ドキュメンタリーといった境界を軽々と超えている。

日本では『リトアニアへの旅の追憶』（一九七二年）に代表される「日記映画」が知られている。この作品は二七年ぶりに故郷リトアニアに帰郷したおりの映像に、渡米以来撮りためた映像を加えて自身の半生を語るものである。この作品は翌年日本で特別上映され、実験映画作家たちに大きな影響を与えた。

メカスが絶賛したのが、ジョン・カサヴェテスの最初の長編『アメリカの影』（一九五九年）である。兄、弟、妹の、黒人の血を引く三兄妹《きょうだい》がニューヨークで送る絶望的な日々を描いたものだが、ロケ撮影で捉えられる俳優たちの即興的な演技はこれまでのアメリカ映画には見られないものだった。黒人問題という社会的なテーマを超えて、社会の周縁で生きる者たちの心情の揺れが伝わってくる映像である。この作品によってカサヴェテスはハリウッドに呼ばれるが、そこでは不本意な二本を残す。その後、俳優業でお金を貯めながら自らの資本で作ったのが『フェイシズ』（一九六八年）で、主演のジョン・マーレイはヴェネツィアで男優賞を受賞した。破綻したアメリカ人夫婦の破滅的な一日半を描くこの作品は、その後の彼の全作品の基本となった。次の『ハズバンズ』（一九七〇年）からは監督本人も出演し、たびたび出演した妻のジーナ・ローランズと共に俳優の自由な動きに任せた演出を極めた。遺作『ラヴ・ストリームス』（一九八四年）はこの二人が酒と煙草に溺れる作家と精神病患者の女を演じて、どこまでが現実でどこからが夢かわからないような世界を見せた。

メカスとの関連でシャーリー・クラークの『ザ・コネクション』(一九六一年)にも触れておきたい。この女性監督は日本ではほぼ無名だが、ダンサー出身で五〇年代からドキュメンタリー作品を監督しており、『ザ・コネクション』は初の長編劇映画である。私は二〇一六年に国立映画アーカイブでの「UCLA映画テレビアーカイブ　復元映画コレクション」でこの映画を初めて見たが、麻薬の売人を待っているジャズマンたちと彼らを映画に撮る二人の会話という内容と形式に驚いた。メカスの『営倉』と同じくリビング・シアターの舞台を映画化したものだが、映画を作るメタ映画にしている点が大きく異なる。

メカスはいわゆる「実験映画作家」も高く評価した。ケネス・アンガー(一九二七年生まれ)、スタン・ブラッケージ(一九三三年生まれ)、著名な美術作家のアンディ・ウォーホル(一九二八年)などアメリカには多いが、N・Vとは少し方向が違うしそれ以上に私の手に余るのでここでは触れない。

ワイズマンは弁護士として活動の後、『チチカット・フォーリーズ』(一九六七年)でデビューする。精神病を患う犯罪者たちの矯正施設での日々を克明に写し、九一年まで上映禁止となった。インタビュー、ナレーション、音楽を使わず、まるで透明人間のようにある組織の中に入り込み、いつの間にかその全体像をあぶり出す手法は、コメディ・フランセーズでも英国ナショナル・ギャラリーでもボストン市庁舎でも変わらない。近年はかつての告発的な要素は減ったが、ドキュメンタリーの一つの形を確立したと言えるだろう。

ロバート・クレイマーは大学卒業後、新左翼運動に関わるうちに映画製作に乗り出した。そして一九六六年に友人たちと映画製作の共同組織「アルファ60」を創設し、そこで初の単独監督作『イン・ザ・カントリー』（一九六六年）を作った。ベトナム反戦運動をする男女が、一軒家に暮らしながら嚙み合わない独白と対話を繰り返す。この映画はカール・ドライヤーの『ゲアトルーズ』（一九六四年）から影響を受けたという。もとはN・Vの『パリところどころ』から着想を得てオムニバスにする予定だったが、ほかが完成しなかったという。[*11]

さらに一九六七年にニューヨークを拠点とするより大きな映画製作集団「ニューズリール」を発足させて、そこで『アイス』（一九六九年）を監督する。これは近未来の設定で、アメリカでゲリラ活動をする若者たちが革命を目指してゆく姿を描いている。『イン・ザ・カントリー』以来の、ドキュメンタリーかフィクションかがすぐにはわからない手法は健在で、それは新左翼運動家たちのその後を九組の集団を交差させながら見せる、三時間を超す『マイルストーンズ』（一九七五年）でも、一人の男がアメリカを横断しながらアメリカの現状を見せる四時間超の『ルート1／USA』（一九八九年）でも変わらない。クレイマーは第一回「山形」で来日し、『ルート1／USA』は最優秀賞を得た。

日本で「アメリカン・ニューシネマ」と呼ばれた一九六〇年末から七〇年代の映画は、本国では「ニュー・ハリウッド」や「アメリカン・ニュー・ウェイヴ」（つまりアメリカのヌーヴェル・ヴァーグ）などと呼ばれる。一九六七年のアーサー・ペン『俺たちに明日はない』、マイク・ニコルズ『卒業』、六九年のデニス・ホッパー『イージー・ライダー』、ジョージ・ロイ・ヒル『明日に向って撃て！』などがそれに当たる。果たしてこれらがN・Vに当たるかどうかは人によって考えが異なるだろうが、私にはベトナム戦争や公民権運動、ウーマンリブなどの激動の時代を経た世代に向けたハリウッドの新しい展開に思えるし、すでに文献も多いのでここでは論じない。

旧共産圏やアメリカ大陸は西ヨーロッパから見れば周縁だが、それゆえに第二次世界大戦の衝撃とは別の矛盾を抱え、ある意味ではフランス以上の必然性をもって革新的な映画を生んだ。アメリカは第二次世界大戦後ソ連と共に「大国」となったが、ベトナム戦争を始めとして従来の価値観が大きく覆された。それゆえにメカスやカサヴェテスのような先鋭的な映画が生まれ、ハリウッド自体も変容していった。

第九章
映画史から現代へ

『ハッピーアワー』（濱口竜介監督、2015年）

(1) ヌーヴェル・ヴァーグの再定義

第一章から第五章で述べたように、ヌーヴェル・ヴァーグという言葉は一九五七年のフランスの雑誌の特集から生まれ、一九五九年のカンヌ以降、フランス映画の新しい傾向として世界に広まった。そして第六章から第八章で見てきたように、それは日本を含む世界の同時多発的現象であり、イギリスやポーランドやブラジルのように明らかにフランスより早い場合もあった。もちろんフランスのN・Vが世界各国で有名になり影響を及ぼしたことで、映画革新運動が加速されたことも事実である。

各国のN・Vの根源にはイタリアのネオレアリズモがあり、その奥には第二次世界大戦の経験があったが、それは国によって大きく異なった。また大戦後の独裁政権や社会主義政権による支配に対する反抗が契機となった国も多い。

ただ確かなことは、いわゆる撮影所＝スタジオで物語を作る映画から、ロケを中心にそれぞれの抱える現実を表現する映画に変わっていったことだ。それまでの映画では表現されなかった自分の周囲の現実を知らせることが、映画を作る最大の契機となった。その意味では、どんな国でも、どんな時代でも、新しい現実を見せようとする試みは行われてきたのではないか。

これまでは五〇年代半ばから七〇年代前半までの欧州、アメリカ大陸と日本を取りあげてきたが、この最終章ではそれを取っ払って自由に、見る人が「新しい現実だ」と思うような映画がN・Vだと定義してみたい。

　そのようなことを考え出したのは、本書執筆中の二〇二四年に、ケリー・ライカート『ショーイング・アップ』やアリーチェ・ロルヴァケル『墓泥棒と失われた女神』や濱口竜介『悪は存在しない』を見てからだ。そこに出てくる人物たちはみなどこにでもいそうな人々だが、いつの間にかこれまでとはちょっと違う新しい人間の姿、見たことのない社会の形を見せてくれる。それと同時に三本ともどこか懐かしさというか、これまで見てきた映画に連なるような、いわば「映画的記憶」を感じさせる。

　また大学の授業でサイレント末期やトーキー初期の映画を学生と見ると、その新しさというか、現実を丸ごと見せようという強い精神を感じる。例えばF・W・ムルナウ『サンライズ』（一九二七年）やジャン・ルノワール『素晴しき放浪者』（一九三二年）、清水宏『有りがたうさん』などの登場人物の動きに、さきほど挙げた三本と同じような自由闊達《かったつ》さや予測不能さを感じてしまう。

　この最終章では、古今東西の映画史を縦横にさまよいながら、そのようなN・V的な映画を挙げてみたいと思う。もちろんすべては私の勝手な思い込みだが、中には同意いただける作品もあるかもしれない。

(2) 初期映画から

映画の誕生は、一応、一八九五年一二月二八日、パリのグランカフェ地下の「インドの間」におけるリュミエール兄弟のシネマトグラフ上映ということになっている。リュミエール兄弟と言えば、まず自らの家族や自社工場の従業員を撮影し、次に若いカメラマンを養成してフランス各地のみならず、世界中の風物をカメラに収めたことで知られる。それらは絵葉書のように単に有名な風物をカメラに収めたように思われがちだが、よく見ると中には相当に興味深い映像も含まれている。

リュミエール社の映像は、一九九五年の映画生誕百年のときに私の企画で、「光の生誕 リュミエール!」と題して一〇〇本ほどを選び35ミリを作成してもらって全国で上映した。また同時に日本への映画の輸入をたどった「映画伝来」という展覧会を、渋谷区立松濤《しょうとう》美術館ほか、神戸、福岡で開催した。現在では国立映画アーカイブの展示室入口で、日本で撮影されたリュミエール映画の大半が『明治の日本』としてビデオ上映されている。

リュミエール兄弟が一九世紀末に日本に送った二人のカメラマンのうち、二人目のカメラマン、ガブリエル・ヴェールが撮ったいくつかの映像はリュミエール映画全体から見ても突出している。

『日本舞踊：I・かっぽれ』は踊る芸者たちの姿が画面の下半分の池に反射されてきらめき、『身づくろいする日本の女』は若い芸者たち二人が笑いながら化粧をする姿がまるで隠しカメラで撮ったように自然に映る。彼がベトナムで撮影した『ナモの村落』は、カメラを構えて駕《か》籠《ご》に乗った彼をめがけて、裸の子供たちが一斉に駆けてくる躍動感溢れる映像だ。

わずか五〇秒ほどであるにもかかわらず、二〇代後半のヴェールの撮った映画のいくつかは明らかにほかの三〇人ほどのカメラマンが撮ったものとは動きや光の感度が違う。ヴェールがメキシコで撮った『馬の水浴び』を「光と、動きと、距離と、角度と、短さとがスクリーンでわかちがたくひとつになり、馬と水とが生きつつある遭遇の多様な表情を祝っているかのようだ」[*1]と絶賛した蓮實重彥は、「いまから百年前に横浜に到着し、世紀末の日本を撮影したガブリエル・ヴェールが、ショットの撮れるキャメラマンだったことは、願ってもない僥倖《ぎょうこう》だというべきだろう」と述べている。[*2]

通常、リュミエール兄弟はドキュメンタリーで、『月世界旅行』（一九〇二年）で知られるジョルジュ・メリエスからフィクションが始まったと言われるが、私はメリエスにも彼なりのリアリズムの追求があると思う。それは自らのパフォーマンスで画面を満たすことで、『幾つもの頭を持つ男』（一八九八年）では、すでに自分の頭の分身を三つも画面に出して、それぞれが勝手に動く。『一人オーケストラ』（一九〇〇年）では、七人のメリエスが椅子に座ってめいめいの楽器を奏でる。『ゴム頭の男』（一九〇一年）はその完成形で、メリエスがテーブルに取り出した自分の頭にふいごで空気を送り込むと頭はどんどん大きくなり、最後に破裂してしまう。その後の映画史は、チャールズ・チャップリンやオーソン・ウェルズ、ジャック・タチ、クリント・イーストウッド、北野武など監督兼主演の天才を何人か生み出すが、奇術師出身のメリエスはわずか三分ほどの映像を完全に支配し、パフォーマンスとしてのリアリズムを表現した。

フランスの初期映画の個性派には世界初の女性監督、アリス・ギイがいる。彼女は秘書として入社したゴーモン社で、誰も映画で見せないようなおかしな細部を作品にした。『くっつく女』（一九〇六年）は、郵便局で婦人がメイドに口を開けさせて切手を貼るたびに舌を出させていたところ、好色な男がメイドにキスをして二人がくっついてしまうというもの。かわいそうなメイドの仕事を暴露しながらもユーモアで切り返す展開はすばらしい。『マダムの欲望』（一九〇六年）は、妊婦がお腹《なか》が空《す》いて散歩中に会う人々が食べているものを次々に口に入れてしまう話。映画が発明されたばかりの時期に妊婦の空腹を中心テーマに据える大胆さもさることながら、妊婦の後ろについて謝って回る気の弱い夫の姿もおかしい。女性の日常の細部をユーモアで見せる感覚は突出している。

『国民の創生』（一九一五年）などで知られるデヴィッド・ワーク・グリフィスは、その初期の短編に極めてN・V的なリアリズムの追求を感じる。『小麦の買い占め』（一九〇九年）は農家、パン屋、小麦相場の三つを交互に見せて格差社会を描くが、とりわけ農家の男やその老父が庭に立ち尽くしたり、静かに麦を蒔《ま》いたりするショットの強さに打たれる。『不変の海』（一九一〇年）は、チャールズ・キングズリーの詩を原作に、船乗りの夫を待つ妻の二〇年ほどを見せる。海岸に立つごとに老いてゆく妻の姿に胸を突かれる。これらは一五分ほどだが、映画の中で初めて社会問題や時間の経過を表現しようとする意欲に満ちている。

(3) サイレント映画の黄金時代

サイレント映画は共に一九一五年に作られたアメリカ映画、グリフィス『国民の創生』やセシル・B・デミル『チート』あたりから、現在の映画につながるような、主人公がいて時系列や因果関係の明確な「古典的ハリウッド映画」（デヴィッド・ボードウェルの言葉）に傾いてゆく。その中でいくつかの輝くような作品が残っている。

イタリア映画は一九一〇年代に「史劇」と「ディーヴァ映画」で世界を圧倒したが、三大ディーヴァ女優の一人であるフランチェスカ・ベルティーニ主演の映画はいささか趣が異なる。代表作『アッスンタ・スピーナ』（一九一五年）ではベルティーニ演じるアッスンタが住むナポリ郊外の港町の小さな通りや自宅の窓から見える光景がロケできっちりと描かれ、婚約者の住むナポリに移ってからは洗濯屋で働く様子も克明に描かれる。何より別の男に誘われて断れない様子や夫から気持ちが離れてゆくときの彼女の表情が自然である。彼女の当時のパートナーで映画では恋人を演じるグスターヴォ・セレーナが監督だが、彼女も脚本や演出に関わったという。

オーストリア生まれでハリウッドで活躍したエリッヒ・フォン・シュトロハイムは誇張された演技や豪華なセットが印象に残るが、実はいつも繊細な視線劇を展開する。最初の長編『アルプス颪』（一九一九年）で、シュトロハイムが演じるシュトイベンは視線だけでホテルのメイド、村の娘を誘惑し、医者の夫人に迫る。夫人は鏡で夫の眠る姿を見た後に、シュトイベンが迫ってくる夢を見る。出会い、誘惑、盗み見、嫉妬、幻想など「見る」ことをめぐるドラマが展開する。

ドイツ生まれのムルナウは本国で『吸血鬼ノスフェラトゥ』など表現主義映画の代表作を残しているが、アメリカに招待されての第一作『サンライズ』では奇跡の瞬間を見せる。夫が自分を殺そうとしていると知った妻は舟から逃げ出して森を走り、ふいにやってきた列車に飛び乗る。何とか追いついた夫は妻に話しかけるが、妻は目をそらし、窓には森や海の光景が広がる。列車は都会に着き、妻はカフェでうつむいてケーキを食べながら泣く。この一連のあまりに偶然のような展開には驚くほかはない。

実はこの二人の監督は、批評家のアンドレ・バザンが一九二五年ごろのいくつかの作品とトーキー時代のリアリズム作品の類似性を示す例として挙げた監督である。[*3] N・Vの理論的支柱であったバザンは、新しいリアリズムの実践がいろいろな時代に現れることを知っていた。

これまたドイツ系だが、ロバート・シオドマクとエドガー・G・ウルマーが共同監督、撮影がオイゲン・シュフタン、脚本にビリー・ワイルダーが加わり、後にハリウッドで活躍する四人が揃った『日曜日の人々』(一九三〇年)は、ほとんどN・Vのようなみずみずしさでベルリンの若者五人の日曜日をロケで描いている。全員素人の演技は即興的で特に女性二人の嫉妬の様子が微笑ましい。街のカメラマンが撮影した顔写真を画面一杯の静止ショットで次々に見せる場面はメタ映画的で戦慄する。

それは『日曜日の人々』がお手本にしたのが、ソ連のジガ・ヴェルトフの、『カメラを持った男』だからだろう。躍動感溢れるモスクワの一日を撮ったものだが、これには映画を上映する映写技師に始まって、カメラを回す撮影技師が何度も出てくる。さまざまな映像技術を駆使して「映画とは何か」を問いかける点でN・Vを思わせる。ヴェルトフの「キノ・プラウダ(映画・真実)」という考えはフランスのN・Vにおいて「シネマ・ヴェリテ」として広まったし、ゴダールは一九六〇年代末から政治的活動に入り、映画製作団体として「ジガ・ヴェルトフ集団」を名乗った。

『カメラを持った男』の先駆と言われるのがドイツのヴァルター・ルットマン『伯林《ベルリン》大都会交

響曲』（一九二七年）だが、こちらはベルリンの一日を朝から夜まで撮ったものだ。日本でも一九二九年、溝口健二が『東京行進曲』で東京の雑踏を見せているように、当時は大都会をロケで見せる作品が世界的に流行したようだ。

日本映画のサイレントで私が最も強く心を動かされるのは、成瀬巳喜男の『君と別れて』（一九三三年）である。母（吉川満子）が芸者であることを嫌う義雄（磯野《いその》秋雄）は、不良仲間と付き合う。母の妹分で彼と仲のいい照菊（水久保澄子）は電車で小さな港町にある自分の実家へ連れていき、なぜ自分が芸者をしているかを見せる。そして海岸で「あたしどこか遠いところへ行ってしまいたい」とつぶやき、「一緒に行ってくれる？」（海の波の上に浮きあがる字幕）と言って互いが見つめ合った後に視線を避けて「嘘よ、嘘よ」と否定する。一〇代後半の二人の会話に人生の真実が露呈する瞬間である。

（4）トーキー初期のリアリズム

一九二七年のアラン・クロスランド『ジャズ・シンガー』からトーキー映画が始まったとされる。実際はパート・トーキーで台詞は歌が中心だが、この映画をきっかけに世界各国で数年かけてトーキーへの移行が進む。音を得たことで映画はさまざまな方向に進む。その中には限りなく現実音を取り入れて新しいリアリズムを追求する作り手も現れた。

トーキー初期の映画で私が一番N・Vらしさを感じるのは、ジャン・ルノワールの『素晴しき放浪者』である。原題の意味は「水から救われたブーデュ」だが、ミシェル・シモン演じる放浪者のブーデュの自由奔放な生き方がすばらしい。セーヌ河に飛び込んだところを書店主のレスタンゴワに助けられて彼の家で暮らすことになる。最初は嫌がるレスタンゴワ夫人を誘惑し、さらに主人の愛人のメイドと結婚する。そして結婚式で再びセーヌ河に落ちて失踪する。この本人にも制御不能な感じの登場人物は、映画史上例を見ない。セーヌ河岸の雑踏をロケの同時録音で見せるあたりもいかにもN・Vらしい。

そしてそのミシェル・シモンが再び怪演を見せるのが、ジャン・ヴィゴの『アタラント号』で、まるで続編のようだ。船長（『素晴しき放浪者』で貧乏学生役のジャン・ダステ）が結婚したばかりの妻（ディタ・パルロ）と乗る「アタラント号」の乗組員の役で、船室は世界各国の奇妙なお土産品と猫に囲まれている。船長にも嫌われているが、パリで行方不明になった船長の妻を忽然《こつぜん》と探し出してくる。彼が出てくるだけで画面に緩みが出て、奇想天外な展開となる。

劇作家、演出家、俳優として活躍しながらそれを元に三〇本以上の映画を作ったサッシャ・ギトリにもその奇想天外さを感じる。彼の映画にはすべてを支配する圧倒的な自由さがある。代表作の『とらんぷ譚』（一九三六年）は、ギトリ演じる詐欺師がカフェで自伝を書きながら自分の人生を語る。最初のクレジットに始まってキャストやスタッフがギトリの声で紹介され、彼の少年時代から写し出される。登場人物たちは現在のカフェ以外では台詞がなく、詐欺師の語りだけで波乱万丈の生涯が展開する。スクリーンのすべてを支配する感覚は、監督・主演の元祖であるメリエスに近いかもしれない。クレジットをナレーションにするのはゴダールの『軽蔑』を思わせるし、物語を滔々と語る手法はトリュフォーの、とりわけ『突然炎のごとく』や『恋愛日記』（一九七七年）が思い浮かぶ。トリュフォーはルノワールと並べて「ギトリとルノワールには、あらゆる幻想を認める簡潔さとすべての洒脱さを詩的にするある種のリアリズム感覚がある。加えてほとんど隠そうとしない強固な悲観主義がある」[*4]と述べている。

リアリズムへの強い願望を感じる映画がイタリアにもある。マリオ・カメリーニの『殿方は嘘吐き』は、ミラノでの街頭ロケが鮮烈な印象を残す。特に、運転手だが車を持っていないブルーノが自転車で市内電車に乗る女性を追いかけるシーンや、市内から郊外へ主人の車を全速力で飛ばして事故に遭う場面など、迫力溢れる画面を見せる。これはこの監督の「小市民五部作」の最初の一本だが、その代表作と言われる『ナポリのそよ風』（一九三七年）はできたばかりのチネチッタで撮影されたこともあり、このような臨場感はない。

「小市民五部作」のすべてで主演を演じるのが、戦後に『自転車泥棒』などを監督することになるヴィットリオ・デ・シーカであることも特筆すべきだろう。さらに言えば、『自転車泥棒』などデ・シーカの多くの映画で脚本を書いたチェーザレ・ザヴァッティーニは小説家だったが

「小市民五部作」の『百万リラあげよう』(一九三五年)で初めて脚本を手がけており、カメリーニという存在がネオレアリズモの一系譜を作ったことは間違いない。

通常、ネオレアリズモの先駆と言われるのは、ルキノ・ヴィスコンティの第一回長編『郵便配達は二度ベルを鳴らす』（一九四二年）である。これは北イタリアの港町、アンコナやフェラーラを舞台にした不倫劇だが、オールロケでさまよう男女を風景ごとカメラに収める手法は、まるで現代の三宅唱の映画のように皮膚感覚に迫ってくる。停滞した現在から抜け出すべく無限に放浪する感覚は、その後のこの監督の作品には見られない。ファシズムが目の前で崩壊しつつある当時にのみ可能だった表現かもしれない。

日本のトーキー初期で新しいリアリズムに最も切り込んだのは清水宏ではないか。『有りがたうさん』は「ありがとうさん」と呼ばれる伊豆のバス運転手が乗客を運ぶだけの映画である。上原謙演じる運転手は、追い越してゆく村人や子供たちや鶏の群れにまで、すべてに「ありがとう」と礼を言いながら運転を続ける人気者だ。

まるで成り行きに任せたような「ロード・ムーヴィー」だが、そこには時代の影や社会の矛盾が垣間見える。バスの中には東京に売られる娘とその母がいて、彼らに興味を持つ髭《ひげ》の金持ちがいる。桑野通子演じる「黒襟の女」は彼女たちを助けようと「ありがとうさん」に提案を持ちかける。バスの外にもさまざまな人が歩いていて、チマチョゴリの在日朝鮮人労働者と

「ありがとうさん」が交わす会話まで克明に捉える。

映画評論家の岸松雄は「活動写真の最も純粋な形は実写である。先《ま》ず実写に還《かえ》れ、と実写的精神を高らかに叫ぶ清水宏の意見は、『有りがたうさん』に於《お》いて最も明瞭な姿をとった」[*5]と書いた。岸松雄の「実写的精神」とはまさにN・Vそのものではないか。アンドレ・バザンが「写真映像の存在論」で書いた写真や映画の「自動的生成」という概念に近いような気がする。

もちろん、溝口健二の『祇園の姉妹』（一九三六年）は芸者という存在に疑問を投げかけ、小津安二郎の『一人息子』（一九三六年）は地方から大志を抱いて東京に出てきた青年の現実を冷酷に見せる。しかし清水宏の映画のような野放図で予測不能な広がりは持っていない。清水宏のよりまとまった『按摩と女』（一九三八年）を見ても、二人の按摩《あんま》の尋常でないユーモアの展開はまさにN・Vであると思う。

戦前の日本の監督からもう一人挙げるとしたら、山中貞雄ではないか。中国戦線で二八歳で亡くなり、現存する三本はどれも傑作だが、ここでは『河内山宗俊』（一九三六年）を挙げたい。映画の中ほどで一五歳の原節子＝お浪が身売りを決意する場面は格別だ。「自分の体と相談しな」と森田屋の子分に言われてうつむくアップ。そこにふいに風船を取りに来る少年。お浪は弟の頬を叩《たた》く。手前に弟がしょげて座り、奥の部屋でお浪は下を見る。その先の庭に雪が舞う。お浪のうつむく顔のアップ。そして弟が寝たころにお浪はそっと出てゆく。もう雪は降っていない。西梧郎《にしごろう》の鐘を使ったようなアメリカ風の音楽が心に響く。

最近中国で見つかった日本統治下の朝鮮映画のいくつかにもN・Vを感じさせるものがあると私は思う。例えば梁柱南《ヤン・ジュナム》の『迷夢《めいむ》』（一九三六年）では自分勝手な夫に嫌気がさして家出をする妻が主人公だ。当時「朝鮮の入江たか子」とも呼ばれた文藝峰《ムン・イエボン》がいかにもモガらしい格好で好きになったダンサーを追いかけてタクシーで京城《けいじょう》（現在のソウル）の繁華街を走り抜ける。そこにダンサーが乗る機関車の車輪のカットが交互に加わって並々ならぬ疾走感を生み出している。崔寅奎《チエ・インギユ》監督の『授業料』（一九四〇年）と『家なき天使』（一九四一年）は子供たちの集団が実にはつらつとしていて、同時代の清水宏の映画を思わせる。『授業料』の主人公の少年は嬉しいとでんぐり返りをするし、後半は六里先の伯母の家まで歩き、カメラは移動撮影で見せる。どちらも音楽に清水宏作品も担当した伊藤宣二がクレジットされているし、一九四〇年に清水は朝鮮で『京城』と『ともだち』を撮影していることから、直接的な影響関係があったに違いない。

李炳逸《イ・ビヨンイル》監督の『半島の春』（一九四一年）は映画人たちの群像を描いたメタ映画だ。撮影現場のシーンから始まるという洗練された作りで、資金不足となるが何とか完成させようとする人々の戦いが恋愛とからまって描かれる。映画会社を統合した組織の発足など、当時の朝鮮の映画状況も反映させながら、メロドラマとしても高いレベルに達している。ラストで主人公のカップルは映画を学ぶために東京に旅立つが、それを見送る人々の微妙な表情が忘れられない。

(5) 八〇年代以降

第八章までは主に五〇年代後半から七〇年代までに世界各地で現れた新しい映画を分析し、本章ではここまで、映画史において初期映画やトーキー初期に、新しいリアリズムを求めた映画について論じてきた。それ以降、つまり八〇年代の映画はどうだろうか。

私が大学に入学したのは一九八〇年だが、最初の「ミニシアター」と呼ばれる「シネマスクエアとうきゅう」が生まれたのは翌年だった。[*6] 同じ年には俳優座で夜一〇時から映画を上映する「シネマテン」が始まり、パルコ・スペースパート3(現・シネクイント)ができて多目的ホールの中での上映も始まった。さらに八二年に「ユーロスペース」ができ、八三年からは西武流通(セゾン)グループが「シネ・ヴィヴァン六本木」を始めとして渋谷や銀座や大森にミニシアターを作り、八六年の「シネマライズ渋谷」、八七年の「シネスイッチ銀座」と「シャンテシネ」、八九年の「Bunkamura ル・シネマ」などが続いた。そしてこの動きは全国に広がった。

また八〇年代半ばから後半にはレンタルビデオ店が広まり、衛星放送が始まった。過去の作品も含めてビデオ権と放映権込みで映像権が日本に売られ、見られる作品の幅が一挙に広がった。結果として、フランスのゴダールやトリュフォーやロメールのような有名監督の新作が映画館で公開され、過去の作品のVHSがレンタルビデオ店に並んだ。ギリシャのアンゲロプロスやロシアのタルコフスキーやイタリアのベルトルッチ作品にしても同じだった。一九九〇年代半ばには、六〇年代から七〇年代までに出た世界のN・Vの作品の多くを日本で簡単に見ることができるようになった。

そのころ、「新しい」映画がやってくる国は、台湾、中国、イラン、トルコ、韓国などの「東洋」になった。共に一九四七年に生まれた台湾の映画監督、侯孝賢《ホウ・シャオシエン》とエドワード・ヤン＝楊徳昌《ヤン・ドチャン》が日本に登場したときの衝撃は大きかった。どちらも最初はスタジオ200やぴあフィルムフェスティバルなどでの上映だったが、劇場公開が早かったのはよりわかりやすい侯孝賢だった。

彼の映画で最初に公開されたのは『童年往事　時の流れ』（一九八五年）で、八八年にシネセゾンが配給した。そして決定的だったのはフランス映画社による一九八九年の『恋恋風塵』（一九八七年）と、翌年の『悲情城市』（一九八九年）と『冬冬《トントン》の夏休み』（一九八四年）の配給だった。特に『悲情城市』はヴェネツィアで金獅子賞を得た後にシャンテシネで公開されて多くの観客を集め、「キネ旬ベスト・テン」の一位になった（『冬冬の夏休み』が四位）。ちなみに一九八九年のベスト・テンでは『恋恋風塵』が八位、『童年往事』が一〇位となっている。このほかにも九〇年には『風櫃《フンクイ》の少年』（一九八三年）と『ナイルの娘』（一九八七年）が公開されており、侯孝賢は映画好きの中では一種のブームだった。

日本人と同じような顔をした台湾の少年少女や青年の苦悩を、細部までさりげなくしかし強烈に見せながら、それぞれの時代の刻印を鮮烈なカラーの映像に収めたアジア映画があるとは、思ってもみなかった。そのうえ『悲情城市』を始めとして日本の歴史とも深く関わっていることに驚いた。結婚して間もない私は九〇年の夏、それらの映画が撮られた街を訪ねて妻と台湾を旅行した。映画に憧れて旅行したのはこのときだけだ。

侯孝賢はその後『好男好女』（一九九五年）を始めとして松竹との合作で数本を作ったが、それまでのような人気には至らなかった。『珈琲時光』（二〇〇三年）は小津安二郎生誕百年記念で松竹製作、浅野忠信と一青窈《ひととよう》の主演で日本で撮影されたが、朝日新聞社で出資の窓口をしていた私は参加を決めて撮影現場にも足を運んだ。いつも冗談を飛ばす侯監督の笑顔が印象的だった。

エドワード・ヤンの映画は『海辺の一日』（一九八三年）や『恐怖分子』（一九八六年）などが映画祭で公開されていたが、映画館で公開されたのは日本との合作『牯嶺街《クーリンチエ》少年殺人事件』（一九九一年）が最初だった。これは一九六〇年代初頭の中学生男子による同級生女子の殺人事件を描いたもので、ロングショットの長回しで捉えた繊細な映像は高い評価を得て、九二年の

「キネ旬」で二位となった。しかし四時間近い長さもあってヒットには至らず、その後も彼の映画は『エドワード・ヤンの恋愛時代』（一九九四年）、『カップルズ』（一九九六年）、日本と合作の遺作『ヤンヤン　夏の想い出』（二〇〇〇年）まで、侯孝賢と違って興行的には厳しかった。私は一九九一年の東京国際映画祭で挨拶をしただけだが、翌年のロカルノで再会したときに覚えてくれていたのには驚いた。

台湾の同世代では一九四二年生まれの王童《ワン・トン》が『村と爆弾』（一九八七年）や『バナナパラダイス』（一九八九年）で注目された。その後の世代では一九五七年生まれの蔡明亮《ツァイ・ミンリャン》が長編二作目の『愛情萬歳』（一九九四年）でヴェネツィアの金獅子賞、次の『河』（一九九七年）ではベルリンの審査員特別賞を受賞して共に日本で公開された。どちらも李康生《リー・カンション》主演で台北に生きる若者たちの孤独をミニマルな映像で描くスタイルが高く評価されたが、その後はどんどん難解な方向へ向かっている。

新しい台湾映画と同じころに日本に入ってきたのが、中国大陸の「第五世代」と呼ばれる監督たちの作品だった。まず一九五二年生まれの陳凱歌《チエン・カイコー》の『黄色い大地』（一九八四年）は翌年ロカルノで銀賞を取り、日本では八六年に公開。そして『大閲兵』（一九八五年）、『子供たちの王様』（一九八七年）が次々と公開された。『黄色い大地』と『大閲兵』で撮影監督を務めた一九五〇年生まれの張芸謀《チャン・イーモウ》は、『紅いコーリャン』（一九八七年）が翌年のベルリンで金熊賞を取り、八九年の「キネ旬」三位となった。『菊豆《チユイトウ》』（一九九〇年）は日本との合作で徳間書店の徳間康快《やすよし》が参加した。そもそも徳間は中国との交流に熱心で毎年中国映画祭を開催し、多くの「第五世代」の作品を「東光徳間」配給で劇場公開している。この時期の陳凱歌や張芸謀の映画は文化大革命を始めとする中国現代史を華麗な映像と隠喩的な表現で描いた。そのほか田《テイエン・》壮壮《チユアンチユアン》（一九五二年生まれ）は『盗馬賊』（一九八五年）が八七年に公開されて、その繊細でドキュメンタリータッチの作風が注目された。『青い凧』（一九九三年）は東京国際映画祭でグランプリを受賞したが、中国では上映禁止となり一〇年間映画を作ることを禁じられた。

「香港《ホンコン》ニューウェーブ」として紹介された八〇年代から九〇年代の広東語《カントン》の香港映画も人気だった。その先駆的存在は許鞍華《アン・ホイ》（一九四七年生まれ）で、『望郷／ボート・ピープル』（一九八二年）は日本人写真家が見るベトナムの現実を描いて八四年に日本で公開された。彼女の作品は『客途秋恨』（一九九〇年）などその後多くが配給された。そのほか、『レッドダスト』（一九九〇年）の厳浩《イム・ホー》（一九五二年生まれ）、『ルージュ』（一九八七年）の關錦鵬《スタンリー・クワン》（一九五七年生まれ）、『ソウル』（一九八六年）の舒琪《シユウ・ケイ》（一九五六年生まれ）などが次々に紹介された。

また「香港ノワール」と呼ばれた『男たちの挽歌』（一九八六年）シリーズの呉宇森《ジヨン・ウー》（一九四六年生まれ）や『蜀山奇傳・天空の剣』（一九八四年）の徐克《ツイ・ハーク》（一九五〇年生まれ）などのアクション映画は日本で大きな話題となった。その元祖として胡金銓《キン・フー》（一九三一年生まれ）も八九年に「胡金銓電影祭」が開かれて日本での評価が始まり、『俠女』（一九七一年）などが劇場公開された。「香港ノワール」の『いますぐ抱きしめたい』（一九八八年）でデビューした王家衛《ウォン・カーウァイ》（一九五八年生まれ）は、次の『欲望の翼』（一九九〇年）から撮影にクリストファー・ドイルを迎え、スタイリッシュな映像と破天荒な構成で人気監督となった。当時は最新のアジア映画を見るために春の香港国際映画祭に行くのが映画好きの間で流行し、私も九〇年に行った。

イランのアッバス・キアロスタミは九〇年代に忽然と日本に現れた。一九四〇年生まれで七〇年代から長編を撮っていたが、世界的に注目されたのは『友だちのうちはどこ？』（一九八七年）からである。八九年のロカルノで銅豹賞を取り、日本では『そして人生はつづく』（一九九二年）と同時に九三年に公開された。翌年に公開された『オリーブの林を抜けて』（一九九四年）と共に「ジグザグ道三部作」をなすが、何も起こらないようでいつの間にかすべてが変わってしまう謎のような世界を見せた。キアロスタミは九三年に「山形」の審査員として来日し、ドキュメンタリー『トラベラー』（一九七四年）が上映された。劇場では九五年に公開された。これらを配給したのはユーロスペースで、同社はフランスとの合作で『ライク・サムワン・イン・ラブ』（二〇一二年）を日本で製作した。私はキアロスタミには二〇〇三年の小津安二郎生誕百年記念国際シンポジウムに出てもらったときに会ったが、結局歯痛で舞台には一瞬しか上がれず代読となった。その印象が同時期にＮＨＫが製作した『５　Ｆｉｖｅ～小津安二郎に捧げる』の極度のミニマルさとあいまって、煙《けむ》に巻かれたような思いだった。

一九四六年生まれのアミール・ナデリは、日本では『駆ける少年』(一九八五年)が映画祭で上映されて、孤児の少年の強い生き方が衝撃を与えた。劇場公開されたのは二〇一二年であるが、その前年には日本で西島秀俊を主演に売れない映画監督を描く『CUT』を撮った。一九五七年生まれのモフセン・マフマルバフは、日本では『サイクリスト』(一九八九年)が映画祭で上映されて、二〇〇〇年に『パンと植木鉢』(一九九六年)と共に劇場公開された。

トルコでは一九三七年生まれのユルマズ・ギネイが六〇年代から長編を発表しているが、日本でその名が知られるのは一九八二年のカンヌで『路』がパルムドールを受賞してからである。獄中からの指示で完成されたこの作品は、八五年に日本で公開されるが、その前年にギネイはパリで客死していた。この後に『希望』(一九七〇年)も公開された。

韓国では一九四五年生まれの李長鎬《イ・ジャンホ》と一九五三年生まれの裵昶浩《ペ・チャンホ》の二人が有名だった。李長鎬は地方から出てきた若者たちを描く『風吹く良き日』(一九八〇年)が映画祭で上映されて評価された。その後は『寡婦の舞』(一九八四年)、『外人球団』(一九八六年)などが公開され、前衛的手法の『旅人《ナグネ》は休まない』(一九八七年)は東京国際映画祭で国際批評家連盟賞を取り、劇場公開された。裵昶浩は『鯨とり　コレサニャン』(一九八四年)や『ディープ・ブルー・ナイト』(一九八五年)で人生に悩む若者たちを主人公に、N・Vらしいタッチを見せた。特に後者はアメリカに生きる若者たちを鮮烈に描いて評価された。私は一九九六年から翌年まで韓国映画八〇本を上映する「韓国映画祭1946―1996」を企画し、そのオープニングにこの二人を招待した。

ほかの国で八〇年代に現れた監督としては、アメリカでは一九四六年生まれのデヴィッド・リンチと一九五三年生まれのジム・ジャームッシュ、一九五七年生まれのスパイク・リーが挙げられる。リンチの『エレファント・マン』（一九八〇年）は八一年の興行収入が日本で一位となった怪作で、同年に公開された『イレイザーヘッド』（一九七六年）と共に白黒のシュールな世界が展開されている。ジャームッシュの『ストレンジャー・ザン・パラダイス』（一九八四年）は八六年に公開されて「キネ旬」一位になり、これまた白黒でザラザラしたいかにもN・Vらしいタッチが話題になった。スパイク・リーが日本で知られるのは四本目の『ドゥ・ザ・ライト・シング』（一九八九年）で、ブルックリンの黒人街をこれまでにないパワフルな演出で見せて九〇年の「キネ旬」五位となった。

一九五四年にニュージーランドに生まれたジェーン・カンピオンは、長編第一作『スウィーティー』（一九八九年）がカンヌのコンペに出て名前を知られた。『エンジェル・アット・マイ・テーブル』（一九九〇年）はヴェネツィアで審査員特別賞、『ピアノ・レッスン』（一九九三年）はカンヌで女性として初めてのパルムドールに輝き、翌九四年の「キネ旬」も一位。女性を主人公にしてその生き方を内側から描いてゆく手法は、これまでにないものだった。

フィンランドの一九五七年生まれのアキ・カウリスマキは『罪と罰』（一九八三年）でデビューし、五作目の長編『真夜中の虹』（一九八八年）が九〇年に日本公開されて注目された。それからは『レニングラード・カウボーイズ・ゴー・アメリカ』（一九八九年）、『マッチ工場の少女』『コントラクト・キラー』（共に一九九〇年）と次々と公開された。最初は無軌道な若者たちを淡々と描くロード・ムーヴィーやコメディだったが、『浮き雲』（一九九六年）あたりからは次第に貧しい男女のつつましい生活を簡素化された様式美と強調された色彩で表現し、独自の境地を見せている。

日本のこの世代では、まず一九四八年生まれの相米慎二《そうまい》と四七年生まれの北野武に触れるべきだろう。相米慎二は『翔んだカップル』（一九八〇年）で監督デビューし、『台風クラブ』（一九八五年）では台風で大騒ぎする中学生たちを長回しで収め、東京国際映画祭でヤングシネマ部門大賞を得た。

『台風クラブ』を製作したのは一九八二年にインディペンデント監督たち九人で設立したディレクターズ・カンパニーで、相米のほかには『太陽を盗んだ男』（一九七九年）の長谷川和彦（一九四六年生まれ）や『遠雷』（一九八一年）の根岸吉太郎（一九五〇年生まれ）、後述の黒沢清（一九五五年生まれ）などがいる。

北野武は『その男、凶暴につき』（一九八九年）でデビューした。芸人やタレントとして知られたビートたけしが突然に監督となり、ミニマルな美学に貫かれたアクション映画を構築したことに誰もが驚いた。『ソナチネ』（一九九三年）がカンヌに出品されてからは海外でも評価されるようになり、『HANA-BI』（一九九七年）はヴェネツィアで金獅子賞を受賞した。

また一九四九年生まれの崔《さい》洋一は、在日コリアンのタクシー運転手とフィリピン人女性の恋愛を描く『月はどっちに出ている』（一九九三年）で日本映画に新しいテーマをもたらした。それは『血と骨』（二〇〇四年）のようなメジャー作品でも続いた。一九五〇年生まれの森田芳光は、受験生の家族と家庭教師を皮肉たっぷりに描いた『家族ゲーム』（一九八三年）で一世を風《ふう》靡《び》し、『失楽園』（一九九七年）などヒット作品も手がけた。

個人的には、八〇年代から九〇年代に日本に現れた映画の中で真に新しい映画言語を見せたのは、侯孝賢とエドワード・ヤン、アッバス・キアロスタミではなかったかと思う。

(6) 二一世紀になって

二一世紀の旗手は誰だろうか。二〇世紀末から、アジアの監督たちの活躍はさらに目立つようになった。中国では九〇年代から、陳凱歌も張芸謀も外国との合作による大作が増えたが、そのころから「第六世代」が現れた。一九七〇年生まれの賈樟柯《ジャ・ジャンクー》は、卒業制作の『一瞬の夢』

（一九九七年）が翌年のナント三大陸映画祭でグランプリを受賞し、次の『プラットホーム』（二〇〇〇年）からは日本のオフィス北野が製作参加し、ビターズ・エンドが配給している。八〇年代以降の中国の地方で生きる若者たちを鮮烈に捉えた作風は『青の稲妻』（二〇〇二年）以降も深化し続ける。

一九六五年生まれの婁燁《ロウ・イエ》は、『デッド・エンド　最後の恋人』（一九九四年）でデビューし、『ふたりの人魚』（二〇〇〇年）はドイツ、日本との合作で、ロッテルダム国際映画祭で最高賞を得た。絶望的な状況を生きる若いカップルを手持ちカメラで描くスタイルはその後も続く。天安門事件を描いた二〇〇六年の『天安門、恋人たち』は中国で上映禁止となり、五年間の映画製作禁止を命じられるが、その後の『シャドウプレイ』（二〇一八年）でも、広州市の汚職事件を軸に八〇年代から三〇年の中国の変貌を異様な熱気で見せて健在ぶりを示した。

一九六七年生まれの王兵《ワン・ビン》は九時間五分のドキュメンタリー『鉄西区』（二〇〇三年）でデビューしたが、この作品は「山形」で大賞を受賞した。衰退してゆく重工業地帯に生きる人々に焦点をあてじっくりと捉える映像は世界各地で話題となった。『鳳鳴《フォンミン》　中国の記憶』（二〇〇七年）は反右派闘争や文化大革命で苦しんだ鳳鳴に迫り、『無言歌』（二〇一〇年）は劇映画で反右派闘争に翻弄された男の妻を描いた。さらにその後も『収容病棟』（二〇一三年）で精神科病院を、『苦い銭』（二〇一六年）で出稼ぎ労働者を描き、『死霊魂』（二〇一八年）では再度反右派闘争の生存者にカメラを向けた。

タイのアピチャッポン・ウィーラセタクンは一九七〇年生まれで『真昼の不思議な物体』（二〇〇〇年）でデビューし、『ブリスフリー・ユアーズ』（二〇〇二年）からはカンヌなど国際映画祭の常連となった。タイの田舎の暮らしや自然を魔術的な世界とひとつながりに描いて大きな衝撃を与え、『ブンミおじさんの森』（二〇一〇年）はカンヌでパルムドールに輝いた。『MEMORIA　メモリア』（二〇二一年）はティルダ・スウィントンを主演に迎え、コロンビアを舞台にした英語の作品で新境地を見せた。

フィリピンにはイシュマエル・ベルナール（一九三八年生まれ）やリノ・ブロッカ（一九三九年生まれ）のような監督が七〇年代から作家性の強い作品を残しており、それらは日本では九〇年代に国際交流基金アジアセンターで紹介された。一九五八年生まれのラヴ・ディアスと一九六〇年生まれのブリランテ・メンドーサはその呪術的なリアリズムの伝統を引き継ぐ。ラヴ・ディアスの映画は白黒で四時間を超すものが多いため、日本では映画祭のみの上映がほとんどだが、劇場公開された『立ち去った女』（二〇一六年）は、無実の罪で三〇年の服役を強いられた女性の復讐《ふくしゅう》を三時間四八分の白黒で見せた。細部をじっくりと見せながらいつの間にか物語を構築するリアリズムに思わず引き込まれる。

ブリランテ・メンドーサは、フィリピンの貧民地区を舞台に、ギャングや警察を中心にした闇社会をジャンル映画的なアクションで見せる。『キナタイ―マニラ・アンダーグラウンド―』（二〇〇九年）では、警察学校の学生が恋人や生まれてくる子供のために犯罪に手を染める過程を見せ、『ローサは密告された』（二〇一六年）では、マニラのスラム街で警察に捕まった両親を何とか取り戻そうとする四人の子供たちを、目まぐるしい映像で捉えた。

イランは中国と同様に映画の検閲が厳しいことで知られるが、一九六〇年生まれのジャファール・パナヒは『白い風船』（一九九五年）でお金を落とした少女の冒険を描いた。パナヒはキアロスタミの助監督を務め、その方法を継承した。『チャドルと生きる』（二〇〇〇年）でヴェネツィアの金獅子賞、『オフサイド・ガールズ』（二〇〇六年）でベルリンの審査員特別賞を得たが、イランで生きる女性の苦しさを描いたためイランで上映禁止となり、二〇一〇年に映画製作や海外渡航を二〇年間禁じられた。それでも軟禁中の自宅で撮影された『これは映画ではない』（二〇一一年）を始めとして作品を作り続け、カンヌなどに出品している。

一九七二年生まれのアスガー・ファルハディは、『彼女が消えた浜辺』（二〇〇九年）がベルリンで監督賞を得て国際的に知られるようになった。巧みなシナリオによる意表を突くスリリングな展開は、フランスで撮った『ある過去の行方』（二〇一三年）でもスペインで撮った『誰もがそれを知っている』（二〇一八年）でも変わらない。

韓国は『ＪＳＡ』（二〇〇〇年）が日本でも大ヒットしたパク・チャヌク（一九六三年生まれ）

も、『パラサイト　半地下の家族』（二〇一九年）がカンヌのパルムドールやアカデミー賞作品賞を受賞したポン・ジュノ（一九六九年生まれ）も、あまりN・Vという感じがしない。あえて言えば、『WALK　UP』（二〇二二年）に至るまで、若者や教授や監督の日常生活をえんえんと撮り続けているホン・サンス（一九六〇年生まれ）だろうか。むしろ『はちどり』（二〇一八年）のキム・ボラ（一九八一年生まれ）や『82年生まれ、キム・ジヨン』（二〇一九年）のキム・ドヨン（一九七〇年生まれ）、『チャンシルさんには福が多いね』（二〇一九年）のキム・チョヒ（一九七五年生まれ）ら女性監督による若い女性の描き方に新鮮さを感じる。

マレーシアの新しい映画の中心には女性監督、ヤスミン・アフマドがいた。一九五八年生まれで、五一歳で亡くなるまでに六本の長編を残した。どれも多民族社会の中で恋愛や家族を優しいまなざしで描いており、日本では遺作の『タレンタイム〜優しい歌』（二〇〇九年）を除くと映画祭での上映だったが、二〇一九年にほかの作品も公開された。

トルコには一九五九年生まれのヌリ・ビルゲ・ジェイランと六三年生まれのセミフ・カプランオールがいる。ジェイランは『雪の轍』（二〇一四年）でカンヌのパルムドールに輝いた。これはカッパドキアの家族を描いたものだが、すさまじい会話の応酬にたじろぐ。カプランオールは『卵』（二〇〇七年）、『ミルク』（二〇〇八年）、『蜂蜜』（二〇一〇年）の「ユスフ三部作」で地方出身の男性の半生を遡る形で見せた。

欧米で今世紀にN・Vを引き継ぐような監督はいるだろうか。フランスだとアルノー・デプレシャン（一九六〇年生まれ）が一番にくるのではないか。私は彼の『そして僕は恋をする』（一九九六年）を見たとき、新しいフランス映画が始まったと思った。その人間関係の描写の強度は『私の大嫌いな弟へ／ブラザー&シスター』（二〇二二年）まで続いている。フランソワ・オゾン（一九六七年生まれ）は日本で多くの作品が公開されており、極めてN・V的な親密な人間関係を描くが、あまりにも語りがうま過ぎる気がする。若手だと『やさしい人』（二〇一三年）のギヨーム・ブラック（一九七七年生まれ）と『アマンダと僕』（二〇一八年）のミカエル・アース（一九七五年生まれ）が気になる。

むしろフランスでは女性監督が新しい表現を追求しているのではないか。『レディ・チャタレー』（二〇〇六年）のパスカル・フェラン（一九六〇年生まれ）、『あの夏の子供たち』（二〇〇九年）や『未来よ　こんにちは』（二〇一六年）のミア・ハンセン＝ラヴ（一九八一年生まれ）、『燃ゆる女の肖像』（二〇一九年）のセリーヌ・シアマ（一九七八年生まれ）、『ＴＩＴＡＮＥ／チタン』（二〇二一年）のジュリア・デクルノー（一九八三年生まれ）などがいる。

イタリアについては前著で詳しく書いたが、あえて一人挙げるなら一九八一年生まれのアリーチェ・ロルヴァケルだ。『天空のからだ』（二〇一一年）から『墓泥棒と失われた女神』（二〇二三年）まで、明らかにネオレアリズモの継承者であり映画的記憶の豊かさも感じさせる。

旧東欧にも注目すべき監督がいる。ハンガリーで一九五五年に生まれたタル・ベーラは、七時間を超す『サタンタンゴ』（一九九四年）で農村の陰惨な世界を白黒の長回しで描いて世界を驚愕させた。『ニーチェの馬』（二〇一一年）を最後の作品としている。彼の『倫敦から来た男』（二〇〇七年）の助監督を務めたネメーシュ・ラースロー（一九七七年生まれ）は、『サウルの息子』（二〇一五年）でナチスの強制収容所の一日半を長回しで地獄めぐりのように見せた。

ルーマニアでは一九六八年生まれのクリスティアン・ムンジウが初登場のカンヌで『4ヶ月、3週と2日』（二〇〇七年）がパルムドールを受賞した。普通の人々がいつの間にか抜き差しならない状況に巻き込まれ、社会問題が露呈する作りは、『ヨーロッパ新世紀』（二〇二二年）まで一貫している。

ハリウッドではメキシコ出身の監督たちの活躍が目立っている。アルフォンソ・キュアロン（一九六一年生まれ）やアレハンドロ・ゴンサレス・イニャリトゥ（一九六三年生まれ）、ギレルモ・デル・トロ（一九六四年生まれ）などだ。キュアロンの『ROMA／ローマ』（二〇一八年）とデル・トロの『シェイプ・オブ・ウォーター』（二〇一七年）は共にヴェネツィアで金獅子賞を得たが、この二本はN・Vの精神で作られた作品ではないか。

一九六四年生まれのケリー・ライカートは日本では二〇二一年に数本が公開されて、初期のヴェンダースやジャームッシュを思わせるような放浪感覚に驚いた。最初の長編『リバー・オブ・グラス』（一九九四年）は三〇歳の主婦が家を出て変な男に出会う顚末《てんまつ》をモノローグと共に描く。二作目は二〇〇六年の『オールド・ジョイ』で、こちらは身重の妻から離れて旧友と山に行く夫の珍道中を見せる。『ファースト・カウ』（二〇一九年）は西部開拓時代を舞台に、料理人が出会った中国人とドーナツを作る商売を立ちあげるさまを描く。いずれも偶然の出会いと別れがユーモアたっぷりに描かれている。

日本で現在活躍する監督たちのほとんどは、メジャーな作品を作る者も含めて、基本的にはN・V的なリアリズムから出発している。ここでは特に気になる監督だけを挙げておく。まず、前述の黒沢清は立教大学出身で蓮實重彦の授業に影響を受けた世代だ。一九八三年にピンク映画『神田川淫乱戦争』（一九八三年）で長編デビューしているが、ジャンル映画的なサスペンスとユーモアを漂わせつつ繊細な映像を作り続けている。それは自らの作品のリメイクでフランスで撮影された『蛇の道』でも、いかにも現代風の怪しげな転売屋を主人公にした『Cloud クラウド』（共に二〇二四年）でも変わらない。同じく立教出身には、『Shall we ダンス?』（一九九六年）の周防《すお》正行（一九五六年生まれ）、『EUREKA　ユリイカ』（二〇〇〇年）の青山真治（一九六四年生まれ）などがいる。蓮實重彦のように、理論的授業から監督を輩出している人物は、ほかに例を見ない。

テレビ制作会社でドキュメンタリーを作りながらメジャーな作品に進んだ代表として、一九六二年生まれの是枝裕和《これえだひろかず》がいる。『幻の光』（一九九五年）でデビュー以来、『誰も知らない』（二〇〇四年）まではドキュメンタリーのような生々しいリアリズムを追求していたが、その後はフランスのフランソワ・オゾンのように、毎回、フィクションとしての完成度の高い作品を見せてくれる。

より若い世代だと一九九七年に発足した映画美学校と二〇〇五年に設立された東京藝術大学大学院映像研究科から多くの個性溢れる監督が出た。一九七八年生まれの濱口竜介は、東京藝大修士の修了制作『PASSION』（二〇〇八年）から繊細なドラマを構築し、『ハッピーアワー』（二〇一五年）以降は、俳優の動きに画面から目を離せないような緊張感溢れるドラマを作り続けている。一九八四年生まれの三宅唱は映画美学校を出て『きみの鳥はうたえる』（二〇一八年）で函館の街を舞台に濃厚な空気感と人間関係を見せた。その空間の濃さは『ケイコ目を澄ませて』（二〇二二年）でさらに強くなった。

映画美学校からはほかに『私をくいとめて』（二〇二〇年）の大九《おおく》明子（一九六八年生まれ）、『サウダーヂ』（二〇一一年）の富田克也《とみたかつや》（一九七二年生まれ）、『淵に立つ』（二〇一六年）の深田晃司《こうじ》（一九八〇年生まれ）、『王国（あるいはその家について）』（二〇一八年）の草野なつか（一九八五年生まれ）などが出た。東京藝大修士卒には『宮本から君へ』（二〇一九年）の真利子《まりこ》哲也（一九八一年生まれ）や『SUPER HAPPY FOREVER』（二〇二四年）の五十嵐耕平（一九八三年生まれ）などがいる。

　また新しいドキュメンタリーを切り開く監督として、二人の女性、小田香（一九八七年生まれ）と小森はるか（一九八九年生まれ）がいる。小田はタル・ベーラに学び、『鉱　ＡＲＡＧＡＮＥ』（二〇一五年）でサラエボの炭鉱の労働を宇宙的次元で描き出した。『セノーテ』（二〇一九年）はメキシコの洞窟の泉を描きながら、その土地の過去と現在を浮かびあがらせた。小森は映画美学校に学び、『息の跡』（二〇一六年）で、東日本大震災で流された種苗屋を再建する男を、親密な空気の中で見せた。対象に寄り添いながら思わぬ身振りや声を引き出す力は、『ラジオ下神白』（二〇二三年）まで一貫している。

　そもそも九〇年代から邦画大手自体が自ら製作することは減り、テレビ局などが主導する形でさまざまな業種が参加する製作委員会方式が盛んになった。そんな中、デジタル機材の発達によって製作自体が低コストになったこともあって本数は増える一方で、最近は邦画の公開本数が年に六〇〇本を超えている。ある意味では現在作られる日本映画の大半がＮ・Ｖ的な作品なのかもしれない。

　これまでの映画には描かれなかった自分だけが知っている世界を、あくまで自分の身の丈で表現することから、新しいＮ・Ｖは永遠に生まれてゆく。二〇二四年九月に監督初の商業映画として公開された山中瑶子《ようこ》（一九九七年生まれ）の『ナミビアの砂漠』と奥山大史《ひろし》（一九九六年生まれ）の『ぼくのお日さま』を見て、そう思った。二本とも同年五月のカンヌで高い評価を得た作品だが、『ナミビアの砂漠』は、現代日本を生きる若者が抱く感情をつぶさに追いかけることで、まるでジョン・カサヴェテスのような先の見えない人間関係の闇に迫っており、『ぼくのお日さま』は、フィギュアスケートをめぐる三人の感情を高い純度で追い詰めることで、ジャック・ドゥミのような繊細な映像を生み出している。とても普通の商業映画の枠で作ったとは思えないほど個性的で自由な映画が次々と出てきている。

あとがき

やはり、世界のヌーヴェル・ヴァーグを新書一冊分で書くのは無謀だったかもしれない。N・Vというのはフランスだけではなく世界各地で同時発生したもので、もっと言えばいつの時代にもあることを示したいという思いだったが、ある程度網羅できたフランスはともかく、ほかの国は本当に駆け足になってしまった。例えば、キューバ映画の専門家には「あれがない、これがない」と言われるかもしれない。あるいはアルゼンチンがない、インドがない、というような批判も多いだろう。

それでもこの本を書きながら考えたのは、これは私が学生時代から現在まで見てきた五〇〇〇本を超す映画の総まとめだということだった。自分が長年見てきた映画の中からN・Vと思われる映画を挙げたつもりである。もう一つは、これから映画について学ぶ若者向けのわかりやすいガイドになるのではないかという希望もある。

高校生のとき、病気入院が長引いて文学好きになり、大学では文学部に入った。すぐに大量の映画を見始め、一年半後の学科選択でフランス文学科を選んだ私にとって、「ヌーヴェル・

ヴァーグ」というのは、目の前に立ちはだかる大きな、大きな壁だったように思う。まだビデオもなかった時代に、とにかく有名な監督の作品を映画館で追いかけた。トリュフォーの『終電車』や『隣の女』、ゴダールの『パッション』などを公開後すぐに見て、名画座でレネの『夜と霧』を見たり、九州日仏学館でリヴェットの『北の橋』を英語字幕で見たり。同時にタルコフスキーの『ストーカー』やアンゲロプロスの『アレクサンダー大王』やベルトルッチの『１９００年』など、ヌーヴェル・ヴァーグに連なる監督たちにも夢中になった。

蓮實重彦『監督　小津安二郎』と浅田彰『構造と力』が出たのが一九八三年、三年生のときだった。フランス哲学や批評の影が濃厚な二冊を読んで、これはフランスに行かねばと思った。翌年夏からパリに一年間留学すると、シネマテーク・フランセーズやアート系映画館でヌーヴェル・ヴァーグの旧作を次々に見た。パリに着いた秋は、その年のカンヌに出たヴェンダースの『パリ、テキサス』（パルムドール受賞）やカラックスの『ボーイ・ミーツ・ガール』の封切りの時期でもあった。さらにシャブロルの『若鶏のヴィネガー煮込み』、リヴェットの『地に堕ちた愛』、レネの『死に至る愛』、ロメールの『満月の夜』などの新作を追いかけた。翌年のカンヌに出かけてパルムドールを受賞したエミール・クストリッツァの『パパは、出張中！』を始めとして、『ゴダールの探偵』、ガレルの『彼女は陽光の下で長い時を過ごした』、オリヴェイラの『繻子の靴』などを見た。結局、一年間で古今東西の映画を五〇〇本以上見た。

パリ第三大学の映画研究学科ではミシェル・マリ主任教授や評論家のアラン・ベルガラ講師、パリ第七大学ではアントナン・リーム講師の授業が面白かったが、期せずして彼らの著作をこの本で引用している。覚えているのは、留学を終えて日本に帰るとき、第七大学のフランス人同級生、セルジュ君に「いつかゴダールの本を書く」と言ったことだ。

それから働き始めて侯孝賢やキアロスタミやクシシュトフ・キェシロフスキやカウリスマキに夢中になった。会社員をしながら、最低でも週に一本はスクリーンで見る生活を続けた。そんな中で好きな映画はやはりN・Vのように、低予算でありながらそれぞれの世界を自分の身の丈で見せるものだった。新聞社に転職して文化事業部でポンピドゥー・センターやルーヴル美術館の美術展を担当している合間に、いくつもの映画祭を企画し、映画製作や配給への出資を担当した。

二二年間の会社員生活の後に、大学の映画学科で教え始めて一六年がたった。それまで趣味で見ていた映画を急に教えることになって、当時は慌てた。特に日本の古い映画はあまり見ていなかった。だから教えながら同時に自分が学ぶことが多かった。

この本に至る過程で多くの方々にお世話になった。まず大学でジャン＝クリスチャン・ブーヴィエ先生にお会いしなければ、パリに行くことはなかっただろう。パリでは博士論文執筆中の年上の方々に多くを学んだ。とりわけ武田潔さんにはシネマテーク・フランセーズの意義や

左からジャン・ドゥーシェ、フランソワーズ・アルヌール、著者（2016年。著者提供）

流儀について学び、中条省平さんには映画の見方を教わった。ほかにも吉村和明さんや彼と後に結婚する故・北村陽子さん、谷昌親さんなど、留学生はみんな映画好きでいつも映画の話をしていた。仕事を始めてからは、パリ出張のたびに『「はじめに」に代えて』に書いたドゥーシェさん、アルヌールさん、吉武さんに会ってフランス映画について学んだ。

新聞社時代に企画した映画祭では、一九九六年から九七年の「ジャン・ルノワール、映画のすべて。」に一番力を入れたが、これはフィルムセンターの岡島尚志さん（現・国立映画アーカイブ館長）、当時国際交流基金にいてこの企画の途中でフィルムセンターに引き抜かれた岡田秀則さんとの共同作業で、これに外から吉武さん、寺尾さん、斉藤綾子さん（現・明治学院大学教授）が加わった。カタログには岡島さんのほか、蓮實重彥さん、山田宏一さんに原稿をいただき、ドゥーシェさんとアルヌールさんの対談も載せた。彼らは二人とも来日してくれた。今思うと、「ドリームチーム」だった。

この本を書くにあたって、私より二回り近く若い角井誠さんに一章から五章までのフランスのN・Vの部分を下読みしていただいた。間違いが減って読みやすくなったのは彼のおかげだが、最終的な責任は私にある。また編集は前著に続いて吉田隆之介さんに担当してもらった。まだ二〇代の吉田さんは私からの提案を社内で通し、その後は巧みに誘導してくれた。いったん原稿を出してからの仕上げは、私より少しだけ若く経験豊富な千葉直樹さんにお世話になり、貴重なアドバイスをいただいた。

この本の直接のきっかけは、かつて八月と二月に集中講義をしていた関西学院大学で一度ヌーヴェル・ヴァーグを取りあげたことだろう。初めてその全体像について考える機会となった。それから吉村さんの推薦により上智大学で数年前から毎年半期ずつ二部に分けて教えている「フランス映画論」も、フランス映画の流れについて考える機会を与えてくれた。もちろん一番は本務校である日本大学藝術学部の授業で、その痕跡はこの本の随所に見られる。そのことは教え子ならばすぐにわかるだろう。その意味で、これらの大学とその学生たちに感謝したい。

この本を書きながら考えたのは、大学時代に自由に好きな映画を見て欲しい本を買うことができたのは両親のおかげだったということだ。実は学生時代一度のアルバイトもせずに、高等遊民のように映画のみならずオペラや演劇やコンサートなどに通い、好きなだけ本を買った。パリ留学中も、もらっていたサンケイスカラシップの奨学金では足りず、何度も送金してもらった。若いころのそんな贅沢《ぜいたく》な生活がその後の仕事につながり、そして今回このような本を書くことができた。だから、この本はあの世にいる両親に捧げたい。

ゴダールの本を書くのは諦めたが、ヌーヴェル・ヴァーグの世界的な全体像というずいぶん大風呂敷な本を書いてしまったのは、ひとえに私の大雑把で誇大妄想的な資質による。そしてこれはたぶん父親から受け継いでいる。そして母親からは、膨大な数のＤＶＤを丹念に見て数多くの文献を調べる生真面目さを教わった。

さらに、一昨年から昨年にかけて亡くなった山根貞男さん、矢野和之さん、高木希世江《きよえ》さんという私にとっての映画の天使たちにもこの本を捧げる。

混迷を極める世界情勢のもとで、次々と生まれる新しい映画に驚きながら

二〇二五年初春　　古賀　太

註

第一章

＊1 ミシェル・マリ『ヌーヴェル・ヴァーグの全体像』矢橋透訳、水声社、二〇一四年、一七—二四頁
＊2 同右、九五頁
＊3 山田宏一『増補 友よ映画よ、わがヌーヴェル・ヴァーグ誌』平凡社、二〇〇二年、二三二頁
＊4 Jean Douchet, *Nouvelle Vague*, Cinémathèque Française/ Éditions Hazan, 1998, p.164
＊5 彼自身も「ヌーヴェル・ヴァーグの最初の本物の映画だ」と述べている。ピエール・ブロンベルジェ『シネマメモワール』齋藤敦子訳、白水社、一九九三年、一九四頁
＊6 Douchet, *Nouvelle Vague*, p.50
＊7 Antoine de Bæcque, *La Nouvelle Vague, Portrait d'une jeunesse*, Flammarion, 2019, p.102 (1st ed., 1998)
＊8 前の段落の入場者数と共に de Bæcque, *La Nouvelle Vague*, p.94
＊9 マリ『ヌーヴェル・ヴァーグの全体像』一六三頁
＊10 ブロンベルジェ『シネマメモワール』一九〇頁

第二章

＊1 アレクサンドル・アストリュック「新しいアヴァンギャルドの誕生——カメラ万年筆」堀潤之訳『アンドレ・バザン研究第一号』二〇一七年、一〇頁。なおこの翻訳には訳者による詳細な解題がある。

この冊子は全六巻発行されている。

＊2　同右、一一頁

＊3　同右、一三頁

＊4　野崎歓『アンドレ・バザン　映画を信じた男』春風社、二〇一五年、二七頁

＊5　詳細はアントワーヌ・ド・ベック、セルジュ・トゥビアナ『フランソワ・トリュフォー』稲松三千野訳、原書房、二〇〇六年、五四〜九一頁

＊6　アンドレ・バザン『映画とは何か』上・下、野崎歓、大原宣久、谷本道昭訳、岩波文庫、二〇一五年

＊7　同右『映画とは何か』上、一六頁

＊8　同右『映画とは何か』下、一〇五頁

＊9　角井誠「アンドレ・バザン――『不純な映画』の時代の批評家」堀潤之、木原圭翔編『映画論の冒険者たち』東京大学出版会、二〇二一年、八二頁

＊10　フランソワ・トリュフォー「フランス映画のある種の傾向」山田宏一訳・解説、『ユリイカ』一九八九年一二月臨時増刊号、八頁。四一―四二頁のトリュフォーの引用はこの文献から。

＊11　ド・ベック、トゥビアナ『フランソワ・トリュフォー』九八〜一〇二頁

＊12　フランソワ・トリュフォー「アリババと『作家主義』」大久保清朗訳『アンドレ・バザン研究第一号』四一頁

＊13　アンドレ・バザン「作家主義について」野崎歓訳『アンドレ・バザン研究第一号』六九頁

＊14 アンドレ・バザン「ひとはどうしてヒッチコック＝ホークス主義者でありうるのか?」『作家主義——映画の父たちに聞く』奥村昭夫訳、リブロポート、一九八五年（二〇二二年にフィルムアート社より須藤健太郎監修による新装改訂版）巻末に収録。本書にはN・Vのメンバーによる、ルノワール、ロッセリーニ、ラング、ホークス、ヒッチコック、ブニュエル、ウェルズ、ドライヤー、ブレッソン、アントニオーニへのインタビューが収録されている。

＊15 ブロンベルジェ『シネマメモワール』一八七頁

＊16 Robert Benayoun, *Alain Resnais, arpenteur de l'imaginaire: De Hiroshima à Mélo*, Stock, 1980, pp.40-41

＊17 Ibid., p.47

＊18 André Bazin, *Lettre de Sybérie*, *France-Observateur*, 30 octobre 1958, 角井誠「リアリズムから遠く離れて——アンドレ・バザンのアニメーション論」『アンドレ・バザン研究第五号』二八頁にこの部分の引用・翻訳あり。

＊19 『ゴダール全評論・全発言I』アラン・ベルガラ編、奥村昭夫訳、筑摩書房、一九九八年、三九〇頁

＊20 *Arts*, n°597, 12-18 décembre 1956（François Truffaut, *Chroniques d'"Arts-Spectacles":(1954-1958)*, Gallimard, 2019, p.303）ドゥ・ベック、トゥビアナ『フランソワ・トリュフォー』一五三頁に引用。

第三章

＊1 マリ『ヌーヴェル・ヴァーグの全体像』一三三頁

＊2　同右、一三三頁
＊3　エリック・ロメール、クロード・シャブロル『ヒッチコック』木村建哉、小河原あや訳、インスクリプト、二〇一五年
＊4　Claude Chabrol, *Et pourtant je tourne*..., Ramsay, 1992, p.138 (1st ed., Editions Robert Laffont, 1976)　なおこの後の撮影の経緯もこの本から情報を得ている。この本の『いとこ同志』をめぐる部分は、日本公開時のパンフレット及びＤＶＤの小冊子に翻訳されている。
＊5　ロメールの短編『クロイツェル・ソナタ』にはブリアリが編集部にいるシーンがある。
＊6　この二つのエピソードは、山田宏一、蓮實重彦『トリュフォー　最後のインタビュー』平凡社、二〇一四年、一六九―一七〇頁
＊7　山田宏一『増補　トリュフォー、ある映画的人生』平凡社、二〇〇二年、七八頁
＊8　ドゥ・ベック、トゥビアナ『フランソワ・トリュフォー』一七五頁
＊9　山田『増補　トリュフォー、ある映画的人生』三〇三頁
＊10　秦早穂子『影の部分』リトルモア、二〇一二年、二三三頁
＊11　コリン・マッケイブ『ゴダール伝』堀潤之訳、みすず書房、二〇〇七年
＊12　アラン・ベルガラ『六〇年代ゴダール　神話と現場』奥村昭夫訳、筑摩書房、二〇一二年
＊13　Antoine de Bæcque, *Godard :Biographie*, Grasset, 2010
＊14　Ibid., p.116
＊15　ベルガラ『六〇年代ゴダール　神話と現場』八八頁

＊16 『朝日新聞』二〇二二年九月一五日朝刊
＊17 アントワーヌ・ド・ベック、ノエル・エルプ『エリック・ロメール　ある映画作家の生涯』坂巻康司、寺本成彦、寺本弘子、永田道弘訳、水声社、二〇二四年、一五頁
＊18 エリック・ロメール『美の味わい』梅本洋一、武田潔訳、勁草書房、一九八八年。七一頁で触れた「映画――空間の芸術」もこの本に収録されている。
＊19 ヴァルター・ベンヤミン「ボードレールあるいはパリの街路」『ベンヤミン・コレクション1』ちくま学芸文庫、一九九五年、三四六頁
＊20 ジル・ドゥルーズ『シネマ2＊時間イメージ』宇野邦一、石原陽一郎、江澤健一郎、大原理志、岡村民夫訳、法政大学出版局、二〇〇六年、五頁
＊21 ド・ベック、エルプ『エリック・ロメール』一九九頁
＊22 Douchet, *Nouvelle Vague*, p.173
＊23 François Truffaut, *Les Films de ma vie*, Flammarion, 1975　邦訳は『映画の夢　夢の批評』と『わが人生　わが映画』の二冊（共に山田宏一、蓮實重彦訳、たざわ書房、一九七九年）で引用は後者の四三頁
＊24 マリ『ヌーヴェル・ヴァーグの全体像』一五五頁
＊25 Hélène Frappat, *Jacques Rivette, secret compris*, Les Cahiers du cinéma, 2001, p.54
＊26 *Ibid.* pp.106-108

第四章

＊1　Jacques Gerber, *Anatole Dauman: Argos films: souvenir-ecran*, Centre Georges Pompidou, 1989, pp.85-87

＊2　エマニュエル・リヴァ写真『ＨＩＲＯＳＨＩＭＡ１９５８』港千尋、マリー＝クリスティーヌ・ドゥ・ナヴァセル編、インスクリプト、二〇〇八年、六二—七三頁

＊3　日本版ＤＶＤ・特典映像のドキュメンタリー「マリエンバートの迷路のなかで」にはこのことを語るロブ＝グリエの録音がある。

＊4　Geneviève Sellier, *La Nouvelle Vague, un cinéma au masculin singulier*, CNRS Editions, 2005　この著者は、第五章の終わりに述べた二〇二三年から二四年にかけてのポスト・Ｎ・Ｖの監督たちに対するセクハラ告発を受ける形で、二〇二四年九月に *Le culte de l'auteur, Les dérives du cinema français*, La fabriques éditions, 2024（『作家妄信　フランス映画の逸脱』）を出し、ポスト・Ｎ・Ｖを中心に現代に至る男性中心の「作家主義」の行き過ぎを具体的な監督や作品を挙げながら批判している。

＊5　フランスの小説家バルザックは自らの小説総体を「人間喜劇」と呼び、同じ人物を複数の小説に登場させた。

＊6　Emmanuel Burdeau (dir.), *Jacques Rozier: Le funambule*, Cahiers du cinéma, 2001, p.32

＊7　Jean-Michel Frodon, *Le Cinéma français, de la Nouvelle Vague à nos jours*, Cahiers du cinéma, 2010, p.200

＊8　de Baecque, *La Nouvelle Vague*, p.140

第五章

＊1　これは『不愉快な話』の仏版DVDの特典映像でジャン・ドゥーシェが語っている。なおこのエピソードも含め、この監督の詳細な伝記は、須藤健太郎『評伝　ジャン・ユスターシュ　映画は人生のように』共和国、二〇一九年を参照のこと。

＊2　Frodon, *Le Cinéma français, de la Nouvelle Vague à nos jours*, p.407

＊3　須藤、前掲書、一四〇―一四二頁に詳細に書かれている。

＊4　同右、一二八―一三〇頁

＊5　ガレルについての日本語文献として『フィリップ・ガレル読本　「ジェラシー」といくつもの愛の物語』boid、二〇一四年がある。

＊6　トリュフォー『わが人生　わが映画』一一七頁

＊7　中条省平『フランス映画史の誘惑』集英社新書、二〇〇三年、二〇一頁

第六章

＊1　『キネマ旬報』一九六〇年八月上旬号の大島渚と吉田喜重の対談で、吉田は「僕も大島君も、ヌーベル・バーグよりもポーランド映画にリアリティがある」とし、「ヌーベル・バーグは、人間の内面性、あるいは外から見るとドゴール政権のもとに開花した隠花植物的傾向がある」と述べている。

＊2　一九三〇年前後の社会主義的傾向の映画を指す。鈴木重吉の『何が彼女をそうさせたか』（一九三〇年）はその代表的作品。

＊3　一九六一年に発足したＡＴＧは、当初は日本で公開が難しい外国映画の配給を手がけ、ポーランド

のイェジー・カヴァレロヴィッチ『尼僧ヨアンナ』を始めとして同監督の『夜行列車』、アニエス・ヴァルダ『5時から7時までのクレオ』、アラン・レネ『去年マリエンバートで』、ジョン・カサヴェテス『アメリカの影』など各地のN・V作品を紹介した。

＊4　吉田喜重は『勝手にしやがれ』は見ていなかったと述べている。『世界の映画作家10　篠田正浩編　吉田喜重編』キネマ旬報社、一九七一年、一九五頁

＊5　佐藤忠男「松竹大船の時代」前掲『世界の映画作家10　篠田正浩編　吉田喜重編』

＊6　前掲『世界の映画作家10　篠田正浩編　吉田喜重編』一九一頁

＊7　この二つの文章は増村保造著、藤井浩明監修『映画監督　増村保造の世界』下、ワイズ出版映画文庫、二〇一四年で読むことができる。

＊8　大島渚『戦後映画　破壊と創造』三一書房、一九六三年所収。なお大島渚の文章は『大島渚著作集』全四巻（現代思潮新社、二〇〇八―〇九年）で読むことができる。

＊9　この文章は、中平まみ『ブラックシープ　映画監督「中平康」伝』ワイズ出版、一九九九年で読むことができる。

＊10　トリュフォー『わが人生　わが映画』二六五頁

第七章

＊1　ド・ベック、トゥビアナ『フランソワ・トリュフォー』一二八頁、de Baecques, *Godard: Biographie*, p.83

＊2　トリュフォー『わが人生　わが映画』一九三頁

＊3　これらのエピソードは本人があちこちで語っている。例えば坂本龍一編集『写真集「ラストエンペラー」』扶桑社、一九八八年、坂本によるインタビュー。
＊4　BFIから出たDVDボックス『Free Cinema』のブックレットにある。
＊5　佐藤元状は『ブリティッシュ・ニュー・ウェイヴの映像学』ミネルヴァ書房、二〇一二年で、労働者階級の若者たちを主人公とした「キッチンシンクのリアリズム」からロンドンのストリート文化に影響を受けた「スウィンギング・ロンドン映画」への移行について詳細に論じている。
＊6　瀬川裕司、松山文子、奥村賢編『ドイツ・ニューシネマを読む』フィルムアート社、一九九二年、二二九頁
＊7　瀬川裕司『物語としてのドイツ映画史――ドイツ映画の10の相貌』明治大学出版会、二〇二一年、一九六頁及び二〇二頁
＊8　乾英一郎『スペイン映画史』芳賀書店、一九九二年、一六五頁

第八章
＊1　ヴァンダ・ヴェルテンシュタイン編『アンジェイ・ワイダ　自作を語る』工藤幸雄監訳、平凡社、二〇〇〇年、三七頁
＊2　同右、七四頁
＊3　遠山純生「作品解説『鳩』（白い鳩）」くまがいマキ編『チェコスロヴァキア・ヌーヴェルヴァーグ』国書刊行会、二〇一七年、三六頁
＊4　Mira et Antonin Liehm *Les cinémas de l'Est, de 1945 à nos jours*, Le Cerf, 1989, p.224

＊5　Ibid., p.260
＊6　はらだたけひで『ジョージア映画全史―自由、夢、人間―』教育評論社、二〇二四年、一四九頁
＊7　今福龍太『ブラジル映画史講義―混血する大地の美学』現代企画室、二〇一八年、一八九頁
＊8　同右、一七七―一七八頁
＊9　同右、巻末年表、四六四頁
＊10　同右、三一六頁
＊11　遠山純生編著『ロバート・クレイマー1964／1975―ヴェトナム戦争時代のニューレフトとラディカルシネマ』シネマトリックス、二〇一三年、二七頁

第九章

＊1　蓮實重彥「ガブリエル・ヴェールと映画の歴史」『光の生誕　リュミエール！』映画生誕百年祭実行委員会、朝日新聞社、一九九五年、二〇頁
＊2　蓮實重彥編『リュミエール元年　ガブリエル・ヴェールと映画の歴史』筑摩書房、一九九五年、四三頁
＊3　バザン『映画とは何か』上、一〇九―一一一頁
＊4　François Truffaut, *Les Films de ma vie*, Flammarion, 1975, pp.238-239
＊5　岸松雄『日本映画様式考』河出書房、一九三七年、一九頁。なお引用中の旧字体は新字体に、旧仮名遣いは新仮名遣いに改めた。
＊6　これ以前には、岩波ホールが一九六八年に多目的ホールとして発足して七四年に映画専門となり、

七四年にオープンした三百人劇場では不定期に映画の上映も始まった。ミニシアターの興亡については、大森さわこ『ミニシアター再訪 都市と映画の物語1980-2023』アルテスパブリッシング、二〇二四年に詳しい。

人名索引

本書に登場する映画関係者名を、姓、名の順に50音順に配列した。

●ア

アース, ミカエル　240
青山真治　242
アケルマン, シャンタル　112, 115~116, 122, 128
浅野忠信　228
アジャーニ, イザベル　120
アストリュック, アレクサンドル　23, 26~27, 31, 36~38, 42~43
アフマド, ヤスミン　239
アブラゼ, テンギズ　197
荒木一郎　142
アラノヴィッチ, セミョーン　199
アルヌール, フランソワーズ　12, 249~250
アルベルタッツィ, ジョルジオ　83
アレア, トマス・グティエレス　204
アレグレ, イヴ　41
アレグレ, マルク　27
粟津潔　146
許鞍華（アン・ホイ）　230
アンガー, ケネス　208
アンゲロプロス, テオ　180~182, 227, 247
アンダーソン, リンゼイ　164~165
アントニオーニ, ミケランジェロ　85, 101, 162

●イ

李長鎬（イ・ジャンホ）　232
李炳逸（イ・ビョンイル）　225
イーストウッド, クリント　182, 216
飯塚増一　135
イヴェンス, ヨリス　97
イオセリアーニ, オタール　198
五十嵐耕平　244
池広一夫　155
池部良　145
石井輝男　155
石堂淑朗　139, 141
石原慎太郎　145, 150
石原裕次郎　150, 153
イシュトバーン, サボー　194
磯野秋雄　220
伊丹十三　142
市川崑　150
市川雷蔵　155
伊藤宣二　225
イニャリトゥ, アレハンドロ・ゴンサレス　241
井上和男　135
今福龍太　200, 202~203
今村昌平　152~154
厳浩（イム・ホー）　230
イレシュ, ヤロミル　192
岩崎昶　133, 137
岩下志麻　146

●ウ

ヴァディム, ロジェ　27, 52~53, 57
ヴァルダ, アニエス　11, 19, 25~26, 29~30, 32, 50~51, 80, 85~89, 92, 97, 99, 105
ヴァンチュラ, リノ　104
ヴィアゼムスキー, アンヌ　70, 114

ウィーラセタクン, アピチャッポン　237
ヴィゴ, ジャン　13, 23, 64, 221
ヴィスコンティ, ルキノ　12, 39, 162, 197, 202, 223
呉宇森（ウー, ジョン）　230
ヴェール, ガブリエル　214~215
上原謙　223
ウェルズ, オーソン　39, 42, 76, 216
ヴェルトフ, ジガ　94, 219
ヴェンダース, ヴィム　167, 169, 181~182, 247
ウォーホル, アンディ　113, 208
王家衛（ウォン・カーウァイ）　231
ヴラーチル, フランチシェク　189
ヴラディ, マリナ　194
浦山桐郎　152
ウルマー, エドガー・G　219

●エ
エイゼンシュテイン, セルゲイ　202
エヴァン, ベルナール　89~90
エーメ, アヌク　89, 91
エテックス, ピエール　102
エリセ, ビクトル　176, 182
エリュアール, ポール　50

●オ
大九明子　243
大島渚　31, 135~142, 144~149, 152~154
オータン＝ララ, クロード　41, 53
オートゥイユ, ダニエル　117
オーランシュ, ジャン　41~42
岡田英次　82
岡田眞澄　151
岡田茉莉子　143~144
岡本喜八　152
小川紳介　156~157
荻昌弘　135, 146
奥山大史　245
小沢栄太郎　141
小沢茂弘　155
小沢昭一　153
オジエ, ビュル　119
オゾン, フランソワ　240, 243
小田香　244
小津安二郎　127, 153~154, 156, 224
オフュルス, マックス　41, 44
オリオール, ジャン＝ジョルジュ　21~22
オルミ, エルマンノ　162
恩地日出夫　152

●カ
カーフェン, イングリット　173~174
カーン, ペーター　174
カヴァリエ, アラン　103~104
カヴァレロヴィッチ, イェジー　186
カウリスマキ, アキ　234, 248
加賀まりこ　145
カサヴェテス, ジョン　13, 206~207, 210
カザレス, マリア　50
カスト, ピエール　22, 25
カストロ, フィデル　96, 203
勝新太郎　155
カッセル, ジャン＝ピエール　102
加藤泰　152, 155

カネフスキー, ヴィターリー　199
カプランオール, セミフ　239
カミュ, マルセル　18
カムス, マリオ　176
カメリーニ, マリオ　13, 222~223
カラックス, レオス　112, 121~122, 247
カリーナ, アンナ　69, 78, 104
ガレル, フィリップ　111~115, 121, 123, 128~129, 171, 247
ガレル, モーリス　112~114
ガレル, ルイ　113~114
川口浩　147
川島雄三　152~154
川津祐介　140~141, 143
ガンス, アベル　41
カンピオン, ジェーン　233

●キ
キアロスタミ, アッバス　231, 235, 238, 248
ギイ, アリス　216
キートン, バスター　204
キェシロフスキ, クシシュトフ　248
岸松雄　224
ギトリ, サッシャ　221~222
ギネイ, ユルマズ　232
木下惠介　146~147, 154
キム・チョヒ　239
キム・ドヨン　239
キム・ボラ　239
キュアロン, アルフォンソ　241
胡金銓（キン・フー）　230
キンスキー, クラウス　170

●ク
草野なつか　243
串田和美　142
クストー, イヴ　27
クストリッツァ, エミール　247
クタール, ラウール　33, 66~68, 89, 142
クノー, レイモン　50, 54, 101
神代辰巳　155
クラーク, シャーリー　206, 208
クライン, ウィリアム　97
蔵原惟繕　135, 152
グリフィス, デヴィッド・ワーク　216~217
グリモー, ポール　26, 88
グリュオー, ジャン　38
クルーゲ, アレクサンダー　166
クレイマー, ロバート　206, 209
クレール, ルネ　53
グレゴリー, パスカル　120
クレマン, ルネ　41
黒木和雄　156
クロケ, ギスラン　49
黒澤明　95, 147, 152, 186, 204
黒沢清　234, 242
クロスランド, アラン　220
桑野通子　223
桑野みゆき　140~141
關錦鵬（クワン, スタンリー）　230

●ケ
ケジェル, レオニード　23
ケリー, ジーン　91
ゲルマン, アレクセイ　199
ケロール, ジャン　50, 81, 83
ゲンズブール, セルジュ　100

●コ
コクトー, ジャン　22, 64, 101, 103

ゴゴベリゼ, ラナ　199
ゴダール, ジャン＝リュック
10~12, 18, 20~23, 29~31, 33, 38, 45~48, 52~53, 57~58, 64~65, 67~70, 78, 80, 89, 97~99, 105, 108, 112, 114~115, 128, 133, 163, 193, 202, 219, 247
ゴドレーシュ, ジュディット
120
小沼勝　155
小林悟　135
小林正樹　152
小森はるか　244
小山明子　139
ゴラン, ジャン＝ピエール　70
コリューシュ　117
是枝裕和　243
ゴレッタ, クロード　165, 172~173
コレット, アンヌ　46~47
コンスタンティーヌ, エディ
104

●サ

サーク, ダグラス　168
崔洋一　235
ザヴァッティーニ, チェーザレ
222
サウラ, カルロス　176~177
佐伯清　155
坂本龍一　142
サガン, フランソワーズ　81
佐田啓二　143
佐藤慶　140, 142
佐藤忠男　146
サバティーニ, ステファニア
99
沢島忠　155
サンダース＝ブラームス, ヘルマ
171~172

●シ

シアマ, セリーヌ　240
シー, ブリジット　113
ジーバーベルク, ハンス＝ユルゲン　171~172
ジェイラン, ヌリ・ビルゲ　239
ジェゴフ, ポール　38, 72
ジェベ　117
シェンデルフェール, ピエール
67
シオドマク, ロバート　219
篠田桃紅　146
篠田正浩　135~137, 139, 142, 144~146, 154
島津昇一　135
清水宏　13, 213, 223~225
シモン, フランソワ　173
シモン, ミシェル　221
賈樟柯（ジャ・ジャンクー）
235
ジャームッシュ, ジム　233
ジャコ, ブノワ　112, 120, 129
シャブロル, クロード　10~11, 17~21, 28~29, 32~33, 38, 45~48, 58~61, 66, 72, 77, 80, 102, 125, 133, 161, 163, 167, 247
シャンゲラヤ, エルダル　198
シャンゲラヤ, ゲオルギ　198
舒琪（シュウ・ケイ）　230
シューレンドルフ, フォルカー
167, 181
シュナイダー, ロミー　103~104
シュフタン, オイゲン　219
シュミット, ダニエル　168, 173~175, 182
シュローター, ヴェルナー　112, 171~172, 180

シュロデール, バルベ　73~74
ジルー, フランソワーズ　16

●ス
スウィントン, ティルダ　237
周防正行　242
須川栄三　135
菅原文太　155
スコーラ, エットレ　162
スコリモフスキー, イェジー　186~187
鈴木清順　152, 154
ステール, ミシェル　173
ストローブ, ジャン＝マリー＆ユイレ, ダニエル　124, 167~168

●セ
セイリグ, デルフィーヌ　83~84, 116, 126
セール, アンリ　104
関川秀雄　81
セドゥ, レア　121
セバーグ, ジーン　66~67, 114
セバン, ポール　126
セリエ, ジュヌヴィエーヴ　85
セレーナ, グスターヴォ　218

●ソ
相米慎二　234
ソーテ, クロード　28, 103~104
ソクーロフ, アレクサンドル　199
曽根中生　155
ソラス, ウンベルト　205

●タ
ダアン, アラン　122
タヴィアーニ兄弟　162
高倉健　155
高千穂ひづる　143
高橋治　135~136, 146
武満徹　145
タケラ, ジャン＝シャルル　22
タチ, ジャック　42, 102, 198, 216
田中徳三　155
田中登　155
タネール, アラン　165, 172~173, 175, 180~181
田村孟　139, 146
タルコフスキー, アンドレイ　181, 196, 227, 247
丹下キヨ子　151
丹波哲郎　145

●チ
崔寅奎（チェ・インギュ）　225
陳凱歌（チェン・カイコー）　229~230, 235
チヘイゼ, レヴァズ　197
チャキリス, ジョージ　91
チャップリン, チャールズ　45, 216
張芸謀（チャン・イーモウ）　229~230, 235
チュイリレ, ジャン　28
中条省平　126, 249

●ツ
蔡明亮（ツァイ・ミンリャン）　229
徐克（ツイ・ハーク）　230
津川雅彦　141, 143
土本典昭　156~157
鶴田浩二　155

●テ
デ・アンドラーデ, ジョアキン・

ペドロ　203
デ・オリヴェイラ, マノエル　177~179, 247
デ・シーカ, ヴィットリオ　39, 160, 222
デ・セータ, ヴィットリオ　162
ディアス, ラヴ　237
田壮壮（ティエン・チュアンチュアン）　230
デートメルス, マルーシュカ　119
デクルノー, ジュリア　240
勅使河原宏　152
テシネ, アンドレ　112, 119~120, 129
デプレシャン, アルノー　12, 240
デミル, セシル・B　217
デュヴィヴィエ, ジュリアン　48
デュトロンク, ジャック　124
デュラス, マルグリット　81~83, 85, 120, 125~128
寺田信義　135
寺山修司　31, 94, 145
デル・トロ, ギレルモ　241
デルピー, ジュリー　122

●ト
ド・ブロカ, フィリップ　28, 102
ド・ベック, アントワーヌ　28, 61, 66, 105, 161
ド・ボールガール, ジョルジュ　31, 33, 66~67, 86, 89, 98, 175
ドイル, クリストファー　231
ドヴィル, ミシェル　103~104
ドゥーシェ, ジャン　11, 20, 23, 46, 72, 74, 108, 110, 249~250
ドゥカ, アンリ　33, 53, 59, 104
ドゥパルドン, レイモン　128
ドゥミ, ジャック　11, 26, 32~33, 80, 87~92, 105
ドゥルーズ, ジル　73
ドゥロ, ジャネット　108
ドーマン・アナトール　31, 50~51, 81
徳間康快　230
ドス・サントス, ネルソン・ペレイラ　200~202
ドニオル＝ヴァルクローズ, ジャック　20, 22, 25, 30, 42, 46, 48, 58, 74, 100, 126
ドヌーヴ, カトリーヌ　90~91, 114, 120
ドパルデュー, ジェラール　117, 126
富田克也　243
富永ユキ　140
ドライヤー, カール　12, 179, 209
ドラノワ, ジャン　41
トランティニャン, ジャン＝ルイ　103, 127
トリュフォー, フランソワ　10~13, 17~18, 20~23, 28~30, 33, 38~43, 45~48, 53, 59, 61~66, 74~75, 77, 80~81, 102~103, 105, 108, 118, 123, 125, 133, 137, 150, 161, 163, 186, 194, 222, 247
ドルレアック, フランソワーズ　91
トレント, アナ　176
ドロン, アラン　104
ドワイヨン, ジャック　112, 117~119, 128~129

●ナ
中川信夫　152
長門裕之　144, 153
中平康　146~147, 149~151, 156
中村吉右衛門　146
ナデリ, アミール　232
成瀬巳喜男　147, 156, 220

●ニ
ニェメツ, ヤン　191~192
ニコ　113~114
ニコルズ, マイク　210
西梧郎　225
西島秀俊　232

●ネ
根上淳　147
根岸吉太郎　234

●ノ
野添ひとみ　147
ノワレ, フィリップ　26, 50, 86

●ハ
バーキン, アンドリュー　119
バーキン, ジェーン　119
バーグマン, イングリッド　160
パク・チャヌク　238
バザン, アンドレ　22~23, 36, 38~40, 42~44, 48, 52, 62, 71, 100, 160, 218~219, 224
ハス, ヴォイチェフ・イェジー　188
蓮實重彥　11~12, 70, 157, 181~182, 199, 215, 242, 247, 250
長谷川和彦　234
パッセル, イヴァン　192
パナヒ, ジャファール　238
濱口竜介　13, 213, 243
早川保　144
原節子　224
パラジャーノフ, セルゲイ　197~198
バラティエ, ジャック　27
バルデム, ファン・アントニオ　31, 175, 177
ハンセン＝ラヴ, ミア　240
ハントケ, ペーター　169

●ヒ
ピアラ, モーリス　122~124, 128
ビートたけし／北野武　142, 216, 234~235
東陽一　156
ピコリ, ミシェル　104, 122
ピジエ, マリー＝フランス　120
左幸子　147, 153~154
ピック, ジャン＝ノエル　110
ビッチ, シャルル　45, 48, 59
ヒッチコック, アルフレッド　44, 58
ヒティロヴァ, ヴェラ　190~192
一青窈　228
ビノシュ, ジュリエット　120, 122

●フ
ファスビンダー, ライナー・ヴェルナー　167~169, 171~174
ファルハディ, アスガー　238
フィレンツ, コーシャ　195
ブーケ, ミシェル　50
フェラン, パスカル　240
フォーグラー, リュディガー　169
フォルマン, ミロシュ　188~189, 191~192

フォン・シュトロハイム，エリッヒ　39, 218
フォン・トロッタ，マルガレーテ　168, 171~172
深作欣二　155
深田晃司　243
フスコ，ジョヴァンニ　85
ブニュエル，ルイス　177
ブラック，ギヨーム　240
ブラッケージ，スタン　208
フラハティ，ロバート　39
ブラン，ジェラール　48, 59~60, 125
フランキー堺　151, 153
ブランコ，パウロ　179
フランジュ，ジョルジュ　23, 101, 163
ブランシュ，フランシス　101
ブリアリ，ジャン＝クロード　45~49, 54, 59~60
ブルセイエ，アントワーヌ　87
ブレッソン，ロベール　27, 31, 41~42, 90, 120, 179
プレミンジャー，オットー　66
ブロッカ，リノ　237
フロドン，ジャン＝ミシェル　102, 109
ブロンベルジェ，ピエール　20, 30, 33, 45~49, 100, 103

●へ
裵昶浩（ペ・チャンホ）　232
ベアール，エマニュエル　78
ベーラ，タル　241, 244
ベッケル，ジャック　22, 41, 43~44
ベッソン，リュック　121
ベネックス，ジャン＝ジャック　121
ペリエ，ミレイユ　121
ベルイマン，イングマール　13, 64
ベルガラ，アラン　66, 248
ベルジェ，ニコル　46
ベルタ，レナート　173
ヘルツォーク，ヴェルナー　167, 170~172
ベルティーニ，フランチェスカ　217
ベルト，ジュリエット　112
ベルトルッチ，ベルナルド　162~163, 181, 227, 247
ベルナール，イシュマエル　237
ベルナノス，ジョルジュ　124
ベルモンド，ジャン＝ポール　46~47, 52, 66~68, 102, 104
ベルランガ，ルイス・ガルシア　175, 177
ベロッキオ，マルコ　162~163
ペン，アーサー　210
ベンヤミン，ヴァルター　73

●ホ
侯孝賢（ホウ・シャオシェン）　227~229, 235, 248
ボウイ，デヴィッド　142
ホークス，ハワード　12, 44
ボスト，ピエール　41~42
ホッパー，デニス　210
ボテリョ，ジョアン　179~180
ボドロー，シルヴェット　81
ボニゼール，パスカル　78
ボネール，サンドリーヌ　123
炎加世子　141
ポランスキー，ロマン　186~187
ボワソナス，シルヴィナ　113
ホン・サンス　239

ポン・ジュノ　239

●マ
マールタ，メーサーロシュ　193
マーレイ，ジョン　207
マカヴェイエフ，ドゥシャン　195
マキノ雅弘　155
マクラレン，ノーマン　163
舛田利雄　135, 152
増村保造　135, 146~153
マッケイブ，コリン　66
マッツェッティ，ロレンツァ　164
松本俊夫　152
マフマルバフ，モフセン　232
マリ，ミシェル　19, 56~57, 59, 76, 248
真利子哲也　243
マル，ルイ　21, 25, 27, 33, 52~54, 103, 133, 151, 167
マルケル，クリス　11, 24~25, 31, 49, 51, 80, 95~97, 103, 105
マルロー，アンドレ　18, 29~30, 78

●ミ
ミエヴィル，アンヌ＝マリー　70
三上真一郎　145
ミクローシュ，ヤンチョー　192
ミシェル，マルク　89, 91
水久保澄子　220
三隅研次　155
溝口健二　147, 156, 177, 220, 224
南田洋子　153
三宅唱　13, 223, 243
ミヤコ蝶々　147
ミュウ・ミュウ　117
ミュラー，ロビー　169

●ム
ムーラー，フレディ　173~175
ムルナウ，F・W　12, 39, 213, 218
文藝峰（ムン・イェボン）　225
ムンク，アンジェイ　186, 188
ムンジウ，クリスティアン　241

●メ
メカス，ジョナス　206~208
メラール，スタニスラス　116
メリエス，ジョルジュ　12, 215~216
メルヴィル，ジャン＝ピエール　19, 30, 32~33, 58, 68, 104
メンツェル，イジー　191~192
メンドーサ，ブリランテ　237

●モ
モッキー，ジャン＝ピエール　26~27, 101, 133
モラン，エドガール　26, 31, 33, 93, 97
森一生　152, 155
森川英太朗　146
森田芳光　235
モリナロ，エドゥアール　28, 103~104, 133
モロー，ジャンヌ　53~54, 65, 90, 120
モンタン，イヴ　92, 97
モンテイロ，ジョアン・セーザル　178~181
モンフォール，シルヴィア　26, 50, 86

●ヤ
山内亮一　135
山下耕作　155
山田宏一　19, 40, 61~62, 64, 250
山中貞雄　224
山中瑶子　245
山本薩夫　152
ヤン, エドワード（楊德昌）　227
ヤン, ジャン　123
梁柱南（ヤン・ジュナム）　225

●ユ
ユスターシュ, ジャン　108, 110~112, 128
ユペール, イザベル　120, 173, 194

●ヨ
吉川満子　220
吉田喜重　135~139, 142~146, 148, 154, 185

●ラ
ラースロー, サボー　193~194
ラースロー, ネメーシュ　241
ライカート, ケリー　213, 241
ライス, カレル　164~165
ラヴァン, ドニ　121~122
ラシュネー, ロベール　45
ラフォン, ベルナデット　48, 59, 113
ラング, フリッツ　12
ラングロワ, アンリ　23, 114
ランプリング, シャーロット　142

●リ
李康生（リー・カンション）　229
リー, スパイク　233
リヴァ, エマニュエル　81~82
リヴェット, ジャック　11, 20~23, 29~30, 32, 38, 45~46, 48, 58, 60~61, 64, 73~78, 80, 97, 100, 105, 119, 124, 133, 247
リシャール, ピエール　100
リチャードソン, トニー　163~165
リュミエール兄弟　12, 214~215
リンチ, デヴィッド　233

●ル
ル・ベスコ, イジルド　121
ルーシュ, ジャン　11, 26, 30~31, 33, 51~52, 92~94, 96~97, 99, 117, 161
ルキエ, ジョルジュ　26, 88
ルグラン, ミシェル　89, 97, 103
ルットマン, ヴァルター　219
ルドワイヤン, ヴィルジニー　120
ルノワール, ジャン　12, 30, 39, 41~42, 45, 76, 100, 118, 178, 213, 221~222
ルブラン, フランソワーズ　109~110
ルルーシュ, クロード　97

●レ
レイナル, ジャッキー　113
レーナルト, ロジェ　42
レオー, ジャン＝ピエール　63, 108~109, 112, 187
レシャンバック, フランソワ　103
レネ, アラン　10~11, 18~19, 24~26, 30~31, 38, 48~51, 80~85,

87, 92, 95~97, 105, 117, 126~127, 151, 167, 247

●ロ

ロ・デュカ, ジョゼフ＝マリー　22
ロイ・ヒル, ジョージ　210
ロイド, ハロルド　204
婁燁（ロウ・イエ）　236
ローシャ, グラウベル　201~203
ローシャ, パウロ　178, 181
ローチ, ケン　166
ローランズ, ジーナ　207
ロジエ, ジャック　11, 25~27, 32, 49, 58, 97~100, 105, 112
ロッセリーニ, ロベルト　39, 73, 160~162, 179
ロブ＝グリエ, アラン　82~83, 101, 125~128
ロメール, エリック　10~11, 20~23, 29, 32, 46~48, 58, 61, 70~71, 73~75, 80, 105, 108, 133, 167, 227, 247
ロリダン, マルセリーヌ　93
ロルヴァケル, アリーチェ　213, 240
ロンズデール, マイケル　110

●ワ

ワイズマン, フレデリック　109, 206, 208
ワイダ, アンジェイ　13, 184~188
ワイルダー, ビリー　219
若尾文子　147~148, 153
渡辺文雄　140~141
ワドマン, アネット　114
王童（ワン・トン）　229
王兵（ワン・ピン）　236

作品題名索引

本書に登場する映像作品の日本語題名を、50音順に配列した。

●あ

『アイカ・カタパ』(1969年)　171
『愛情萬歳』(1994年)　229
『アイス』(1969年)　209
『愛と希望の街』(1959年)　136, 140
『愛と殺意』(1950年)　85
『愛の記念に』(1983年)　123
『愛のコリーダ』(1976年)　31, 142
『愛の調書、又は電話交換手失踪事件』(1967年)　195
『愛の亡霊』(1978年)　31
『愛は死より冷酷』(1969年)　167
『アウト・ワン』(1971年)　77~78
『青い凧』(1993年)　230
『青い年』(1963年)　178
『青空娘』(1957年)　146~147
『青の稲妻』(2002年)　236
『紅いコーリャン』(1987年)　229
『赤い殺意』(1964年)　154
『赤い賛美歌』(1972年)　193
『赤い天使』(1966年)　148
『赤と白』(1967年)　192
『アギーレ／神の怒り』(1972年)　170~171
『秋津温泉』(1962年)　143
『悪意の眼』(1962年)　32
『悪人志願』(1960年)　146
『悪の神々』(1970年)　168, 171
『悪は存在しない』(2024年)　213
『悪魔の陽の下に』(1987年)　123
『あこがれ』(1957年)　20, 29, 48, 62, 125, 163
『アシク・ケリブ』(1988年)　197
『明日に向って撃て！』(1969年)　210
『遊び人』(1960年、未)　102
『アダプション／ある母と娘の記録』(1975年)　193~194
『頭の中の指』(1974年)　118
『新しい人生』(1966年)　178
『アタラント号』(1934年)　13, 221
『圧殺の森　高崎経済大学闘争の記録』(1967年)　157
『アッスンタ・スピーナ』(1915年)　217
『アデュー・フィリピーヌ』(1962年)　27, 32, 58, 98, 105, 112
『アニキ・ボボ』(1942年)　177
『アネット』(2021年)　122
『あの夏の子供たち』(2009年)　240
『あばずれ女』(1979年)　118
『甘い生活』(1960年)　162
『甘い夜の果て』(1961年)　143
『アマデウス』(1984年)　190
『アマンダと僕』(2018年)　240
『アメリカの裏窓』(1960年)　103
『アメリカの伯父さん』(1980年)　84
『アメリカの影』(1959年)　13, 207

『アメリカの夜』（1973年）　63
『アメリカン・ストーリーズ／食事・家族・哲学』（1989年）　116
『アラヴェルディの祭』（1962年）　198
『鉱　ＡＲＡＧＡＮＥ』（2015年）　244
『嵐を呼ぶ十八人』（1963年）　144
『アランフエスの麗しき日々』（2016年）　169
『有りがたうさん』（1936年）　13, 213, 223~224
『アリックスの写真』（1981年）　111
『ある過去の行方』（2013年）　238
『あるカップル』（1960年、未）　101
『ある官僚の死』（1966年）　204
『ある闘いの記述』（1960年）　96
『ある夏の記録』（1961年）　26, 31, 33, 93~94, 96
『アルプス颪』（1919年）　218
『アレクサンドルの墓　最後のボルシェヴィキ』（1993年）　97
『暗殺』（1964年）　145
『暗殺のオペラ』（1970年）　163
『アントニオ・ダス・モルテス』（1969年）　202
『アンドリエーシ』（1954年）　197
『アンドレイ・ルブリョフ』（1966年）　196
『アンナと過ごした4日間』（2008年）　188
『アンナの出会い』（1978年）　116
『アンナ・マグダレーナ・バッハの日記』（1967年）　124
『按摩と女』（1938年）　224

●い
『イージー・ライダー』（1969年）　210
『家からの手紙』（1976年）　116
『家なき天使』（1941年）　225
『怒りを込めて振り返れ』（1959年）　165
『息の跡』（2016年）　244
『生きる』（1952年）　204
『幾つもの頭を持つ男』（1898年）　215
『イタリア旅行』（1954年）　160
『苺とチョコレート』（1993年）　205
『一万の太陽』（1965年）　195
『いつか会える』（2004年）　121
『一瞬の夢』（1997年）　235
『一緒に老けるわけじゃない』（1972年）　123
『いとこ同志』（1959年）　20, 29, 32~33, 48, 57~58, 60, 66, 72, 77, 125, 132~134, 188
『いぬ』（1962年）　32
『祈り』（1967年）　197
『いますぐ抱きしめたい』（1988年）　231
『イメージの本』（2018年）　70
『イレイザーヘッド』（1976年）　233
『イン・ザ・カントリー』（1966年）　209
『インタビュアー』（1979年）　199
『インディア・ソング』（1974年）　126

●う
『ヴァン・ゴッホ』（1948年）　25, 30, 49
『ヴァン・ゴッホ』（1991年）　124
『ヴィシーの眼』（1993年）　61
『ヴェロニクと怠惰な生徒』（1958年）　46
『ヴォイツェク』（1979年）　170~171
『ＷＡＬＫ　ＵＰ』（2022年）　239
『浮き雲』（1996年）　234
『動くな、死ね、甦れ！』（1989年）　199
『嘘をつく男』（1968年）　127
『歌う女、歌わない女』（1977年）　88
『美しき諍い女』（1991年）　78
『美しき五月』（1962年）　96
『美しきセルジュ』（1959年）　17, 19~20, 29, 33, 47~48, 57~58, 66, 77, 102, 125, 161, 163
『内なる傷痕』（1972年）　113
『うなぎ』（1997年）　154
『馬の水浴び』（1896年）　215
『海の沈黙』（1947年）　19, 30, 33, 58
『海辺の一日』（1983年）　228
『海辺のポーリーヌ』（1983年）　71
『海辺のホテルにて』（1981年）　120

●え
『映画的施しの断片』（1972年、未）　179
『A.K.　ドキュメント黒澤明』（1985年）　95
『営倉』（1964年）　206, 208
『エデン、その後』（1970年）　127
『エドワード・ヤンの恋愛時代』（1994年）　229
『エル・スール』（1983年）　176
『エレファント・マン』（1980年）　233
『エロイカ』（1957年）　186
『エロス＋虐殺』（1970年）　144
『エンジェル・アット・マイ・テーブル』（1990年）　233
『遠雷』（1981年）　234

●お
『王国（あるいはその家について）』（2018年）　243
『王手飛車取り』（1956年）　20, 29~30, 45, 48, 58, 61, 75, 100, 124
『オー・カトル・コワン』（1949年）　46
『おお季節よ、おお城よ』（1957年）　30
『Ｏ侯爵夫人』（1976年）　74
『大通り』（1956年）　31, 175
『オー、ドリームランド』（1953年、未）　164
『オールド・ジョイ』（2006年）　242
『落葉』（1966年）　198
『落穂拾い』（2000年）　88
『男たちの挽歌』（1986年）　230
『男の子の名前はみんなパトリックというの』（1957年）　20, 30, 46
『大人には分らない　青春白書』（1958年）　135
『大人は判ってくれない』（1959

年）　12~13, 18, 20, 29~30, 32~33, 57, 62, 64~66, 72, 77, 102, 123, 125, 133~134, 140, 161, 194
『鬼火』（1963年）　54
『オフサイド・ガールズ』（2006年）　238
『オペラ・ムッフ』（1958年）　51
『想い出のマルセイユ』（1988年）　92
『オリーブの林を抜けて』（1994年）　231
『オリンピア52』（1952年、未）　25
『オルエットの方へ』（1973年）　99
『オルゴソロの盗賊』（1961年）　162
『オルフェ』（1950年）　101
『オルメイヤーの阿房宮』（2011年）　116
『俺たちに明日はない』（1967年）　210
『俺は待ってるぜ』（1957年）　135
『終わった会話』（1981年）　179
『女と男のいる舗道』（1962年）　31
『女の一生』（1958年）　38
『女は女である』（1961年）　32, 69
『女は二度生まれる』（1961年）　153

●か

『戒厳令』（1973年）　144
『外人球団』（1986年）　232
『鏡』（1975年）　196
『書かれた顔』（1990年）　174
『革命前夜』（1964年）　163
『かくも長き不在』（1961年）　126
『影』（1956年）　146~147, 186, 188
『駆ける少年』（1985年）　232
『過去と現在　昔の恋、今の恋』（1972年）　178
『火事だよ！カワイ子ちゃん』（1967年）　190
『風吹く良き日』（1980年）　232
『家族ゲーム』（1983年）　235
『家族の灯り』（2012年）　178
『カッコーの巣の上で』（1975年）　190
『勝手にしやがれ』（1960年）　11, 20~21, 31~33, 47, 52, 58, 65, 85~86, 89, 98, 103, 114, 134, 139~140, 143, 162, 175
『勝手に逃げろ／人生』（1980年）　10, 70
『ＣＵＴ』（2011年）　232
『カップルズ』（1996年）　229
『家庭』（1970年）　63
『カトマンズの男』（1965年）　102
『カトリーヌ』（1924年）　30
『悲しみよこんにちは』（1957年）　67, 81
『鐘はローマに行った』（1958年、未）　192
『彼女が消えた浜辺』（2009年）　238
『彼女だけが知っている』（1960年）　136, 146
『彼女について私が知っている二、三の事柄』（1966年）　31
『寡婦の舞』（1984年）　232
『壁にぶつかる頭』（1959年）

101
『カメラを持った男』（1929年）　94, 219
『カラビニエ』（1963年）　32, 105
『狩人』（1977年）　180
『過労の人々』（1958年、未）　30, 48, 100
『河』（1997年）　229
『乾いた人生』（1963年）　201
『乾いた花』（1964年）　145
『乾いた湖』（1960年）　137, 145
『監獄の記憶』（1981年）　201
『神田川淫乱戦争』（1983年）　242
『関東無宿』（1963年）　154

●き

『キートンのセブン・チャンス』（1925年）　204
『黄色い大地』（1984年）　229
『記憶すべきマリー』（1967年）　113
『祇園の姉妹』（1936年）　224
『儀式』（1971年）　142
『奇人たち』（1973年）　198
『季節のはざまで』（1992年）　174
『ギターはもう聞こえない』（1991年）　114
『北の橋』（1981年）　78, 247
『気狂いピエロ』（1965年）　32, 69, 115
『キナタイ－マニラ・アンダーグラウンド－』（2009年）　238
『気のいい女たち』（1960年）　105
『昨日からの別れ』（1966年）　166
『希望』（1970年）　232
『希望の樹』（1976年）　197
『君と別れて』（1933年）　220
『きみの鳥はうたえる』（2018年）　243
『奇妙な展覧会』（1968年）　198
『客途秋恨』（1990年）　230
『彼奴を殺せ』（1959年）　104
『吸血鬼ノスフェラトゥ』（1922年）　179, 218
『求人』（1980年）　111
『牛乳屋フランキー』（1956年）　151
『キューバ・シー！』（1961年）　31, 96
『狂気の愛』（1969年）　32, 77~78, 119
『狂気の主人公たち』（1954年）　30, 52, 92
『俠女』（1971年）　231
『恐怖の逢びき』（1955年）　31, 175
『恐怖分子』（1986年）　228
『巨人と玩具』（1958年）　148
『去年マリエンバートで』（1961年）　31, 82, 84, 116, 126~127, 151

●く

『空虚な場所　アフリカの女』（1985年、未）　128
『牯嶺街（クーリンチェ）少年殺人事件』（1991年）　228
『鯨とり　コレサニャン』（1984年）　232
『くちづけ』（1957年）　147
『唇によだれ』（1960年）　20~21, 30, 58, 100, 126
『くっつく女』（1906年）　216

『Cloud　クラウド』(2024年)　242
『狂った果実』(1956年)　146~147, 149~151, 156
『グレヴァン蠟美術館』(1958年)　26
『黒いオルフェ』(1959年)　18
『黒い神と白い悪魔』(1964年)　202
『クロイツェル・ソナタ』(1956年)　47~48
『黒いペトル』(1963年)　188~189
『群衆の中の子供』(1976年、未)　125
『群盗荒野を裂く』(1966年)　168

●け
『ゲアトルーズ』(1964年)　209
『ケイコ　目を澄ませて』(2022年)　243
『芸術の使命』(1987年、未)　111~112, 121, 123, 171
『軽蔑』(1963年)　32, 53, 99
『ゲームの規則』(1939年)　76
『ケス』(1969年)　166
『月世界旅行』(1902年)　215
『月曜日のユカ』(1964年)　151
『ゲルニカ』(1950年)　30, 49~50
『幻影の年』(1964年、未)　194
『厳重に監視された列車』(1966年)　191
『現像液』(1968年)　113
『現認報告書　羽田闘争の記録』(1967年)　157

●こ
『恋ざんげ』(1952年)　27, 31, 37
『恋する男』(1962年)　102
『恋の浮島』(1982年)　178
『恋のエチュード』(1971年)　63
『恋の片道切符』(1960年)　144
『恋の戯れ』(1960年)　28
『恋人たち』(1958年)　54, 133~134, 188
『恋人たちの失われた革命』(2005年)　114
『絞死刑』(1968年)　142
『河内山宗俊』(1936年)　224
『好男好女』(1995年)　228
『光年のかなた』(1980年)　173
『ゴーギャン』(1950年)　49
『珈琲時光』(2003年)　228
『ゴールキーパーの不安』(1971年)　169
『国民の創生』(1915年)　216~217
『孤高』(1974年)　114
『5時から7時までのクレオ』(1962年)　26, 32, 85~86, 89, 105
『小島の決闘』(1962年、未)　103
『孤独の報酬』(1963年)　165
『ことの次第』(1982年)　169
『子供たちの王様』(1987年)　229
『ゴハ』(1958年、未)　27
『小人の饗宴』(1970年)　170
『コブラ・ヴェルデ』(1987年)　170
『ゴム頭の男』(1901年)　216
『小麦の買い占め』(1909年)　216
『今宵かぎりは…』(1973年)　173

『コレクションする女』(1967年)　32, 74
『これは映画ではない』(2011年)　238
『殺し』(1962年)　162
『殺しの烙印』(1967年)　154
『コンクール』(1963年)　188~189
『コンクリート作業』(1954年)　47
『コントラクト・キラー』(1990年)　234
『こんにちは、ラ・ブルイエールさん』(1958年、未)　48
『今晩おひま?』(1959年)　27, 101, 133~134
『コンフィデンス　信頼』(1979年)　194
『婚約者たち』(1963年)　162
『今夜じゃなきゃダメ』(1961年、未)　104

●さ
『サイクリスト』(1989年)　232
『再現』(1970年)　180
『最後の賭け』(1997年)　61
『サウダーヂ』(2011年)　243
『サウルの息子』(2015年)　241
『サクリファイス』(1986年)　196
『ざくろの色』(1971年)　197
『叫び』(1963年)　191
『ザ・コネクション』(1961年)　208
『さすらい』(1976年)　169
『さすらいの狼』(1964年)　104
『サタンタンゴ』(1994年)　241
『殺意の瞬間』(1956年)　48
『サヤト・ノヴァ』(1969年)　197
『サラゴサの写本』(1965年)　188
『サラマンドル』(1971年)　173
『去りゆくポリーナ』(1969年、未)　119
『懺悔』(1984年)　197
『サン・ソレイユ』(1982年)　95, 97
『サンタクロースの眼は青い』(1966年)　108
『サンライズ』(1927年)　213, 218

●し
『幸福』(1965年)　87
『JSA』(2000年)　238
『シェイプ・オブ・ウォーター』(2017年)　241
『シェルブールの雨傘』(1964年)　89~92, 105
『四月』(1962年)　198
『四季を売る男』(1971年)　168
『死刑台のエレベーター』(1957年)　28, 33, 53, 57, 103, 133~134
『獅子座』(1959年)　20, 58, 61, 71~73, 105
『失楽園』(1997年)　235
『自転車泥棒』(1948年)　160, 222
『しとやかな獣』(1962年)　153
『シベリアからの手紙』(1957年)　25, 31, 51, 96
『市民ケーン』(1941年)　76
『ジャズ・シンガー』(1927年)　220
『シャドウプレイ』(2018年)　236
『三味線とオートバイ』(1961年)

145
『Shall we ダンス？』（1996年）　242
『シャルロットとジュール』（1958年）　20, 30, 47, 67
『ジャンヌ・ディエルマン　ブリュッセル1080、コメルス河畔通り23番地』（1975年）　115, 117
『上海異人娼館』（1981年）　31
『就職』（1961年）　162
『集団』（1952年、未）　186
『修道女』（1967年）　32, 78
『12の椅子』（1962年）　204
『収容病棟』（2013年）　236
『自由、夜』（1984年）　114
『授業料』（1940年）　225
『シュザンヌの生き方』（1963年）　71, 73
『主人の目』（1957年、未）　48
『出発』（1967年）　187
『受難のジョーク』（1968年）　191
『主婦マリーがしたこと』（1988年）　61
『紹介、またはシャルロットとステーキ』（1951年）　46
『情事』（1960年）　162
『少女ムシェット』（1967年）　31
『ショーイング・アップ』（2022年）　213
『蜀山奇傳・天空の剣』（1984年）　230
『処刑の部屋』（1956年）　150
『処女の寝台』（1969年）　113
『ジョナスは2000年に25才になる』（1976年）　173
『女優ナナ』（1926年）　30
『死霊魂』（2018年）　236
『シルヴェストレ』（1981年）　179
『白い風船』（1995年）　238
『白い町にて』（1983年）　173
『シロッコ』（1969年）　193
『新学期』（1955年）　27, 49, 98
『新学期　操行ゼロ』（1933年）　23, 64
『シングル・ガール』（1995年）　121
『心中天網島』（1969年）　145
『人生劇場　飛車角』（1963年）　155
『親密な照明』（1965年、未）　192

●す
『スウィーティー』（1989年）　233
『スウィート・ムービー』（1974年）　196
『SUPER HAPPY FOREVER』（2024年）　244
『すぎ去りし日の…』（1970年）　104
『少しずつ』（1971年）　94
『洲崎パラダイス　赤信号』（1956年）　153
『スチレンの詩』（1958年）　30, 50
『ストーカー』（1979年）　196, 247
『ストレンジャー・ザン・パラダイス』（1984年）　233
『ストロンボリ』（1950年）　73, 160
『素直な悪女』（1956年）　27~28, 53, 57
『砂時計』（1973年）　188

『スパイ・ゾルゲ』（2003年）　146
『素晴しき放浪者』（1932年）　213, 221
『スラム砦の伝説』（1984年）　197

●せ
『青春群像』（1953年）　108
『青春残酷物語』（1960年）　136, 140
『聖女ジャンヌ・ダーク』（1957年）　66
『生の証明』（1968年）　170
『聖杯伝説』（1978年）　74
『西暦01年』（1973年）　117
『世界のすべての記憶』（1956年）　30, 50~51, 82~83
『世代』（1955年）　184
『絶体絶命』（1958年）　104, 133
『セノーテ』（2019年）　244
『戦艦ポチョムキン』（1925年）　202
『1936年の日々』（1972年）　180
『1974年、選挙キャンペーン』（1974年）　128
『戦場のピアニスト』（2002年）　187
『戦場のメリークリスマス』（1983年）　142

●そ
『ソウル』（1986年）　230
『測量士たち』（1972年）　173
『そして人生はつづく』（1992年）　231
『そして僕は恋をする』（1996年）　240
『卒業』（1967年）　210
『ソナチネ』（1993年）　235
『その男、凶暴につき』（1989年）　235
『ソフィア・デ・メロ・ブレイナー・アンデルセン』（1969年、未）　178

●た
『大閲兵』（1985年）　229
『台風クラブ』（1985年）　234
『太陽の季節』（1956年）　150
『太陽の墓場』（1960年）　140~141
『太陽を盗んだ男』（1979年）　234
『大恋愛』（1968年）　102
『妥協せざる人々』（1965年）　167
『立ち去った女』（2016年）　237
『旅芸人の記録』（1975年）　180
『ＷＲ：オルガニズムの神秘』（1971年）　196
『卵』（2007年）　239
『誰もがそれを知っている』（2018年）　238
『誰も知らない』（2004年）　243
『タレンタイム～優しい歌』（2009年）　239
『男性・女性』（1966年）　31, 108
『暖流』（1957年）　147

●ち
『小さな赤いビー玉』（1975年）　118
『小さな兵隊』（1960年）　31, 69, 103
『チート』（1915年）　217
『違う何か』（1963年、未）　190

『地下水道』（1957年）　185
『地下鉄のザジ』（1960年）　54, 151
『ＴＩＴＡＮＥ／チタン』（2021年）　240
『父』（1966年、未）　194
『チチカット・フォーリーズ』（1967年）　208
『血と骨』（2004年）　235
『血の婚礼』（1981年）　176
『血は渇いてる』（1960年）　138, 143, 148
『チャドルと生きる』（2000年）　238
『チャンシルさんには福が多いね』（2019年）　239
『菊豆（チュイトウ）』（1990年）　230
『中国女』（1967年）　64, 69
『長距離ランナーの孤独』（1962年）　163, 165
『調子の狂った子供たち』（1964年、未）　112
『挑戦』（1969年）　176
『彫像もまた死す』（1953年）　50~51, 95~96
『沈黙の女　ロウフィールド館の惨劇』（1995年）　61
『沈黙の世界』（1956年）　27

●つ
『月はどっちに出ている』（1993年）　235
『つながれたヒバリ』（1969年）　191
『妻は告白する』（1961年）　148
『罪と罰』（1983年）　234

●て
『ディープ・ブルー・ナイト』（1985年）　232
『低開発の記憶　メモリアス』（1968年）　204
『抵抗』（1956年）　27~28
『出稼ぎ野郎』（1969年）　168
『デザンシャンテ』（1990年）　120
『鉄西区』（2003年）　236
『デッド・エンド　最後の恋人』（1994年）　236
『鉄路の男』（1957年）　186
『テルレスの青春』（1966年）　167
『手を挙げろ！』（1967年）　187
『天安門、恋人たち』（2006年）　236
『天空のからだ』（2011年）　240
『天使の入江』（1963年）　89
『天使の影』（1976年）　174
『天井』（1961年）　190

●と
『ドイツ・青ざめた母』（1980年）　172
『ＴＯＫＹＯ！』（2008年）　122
『東京行進曲』（1929年）　220
『東京流れ者』（1966年）　154
『ドゥ・ザ・ライト・シング』（1989年）　233
『道中の点検』（1971年）　199
『どうなってもシャルル』（1969年）　172
『童年往事　時の流れ』（1985年）　227
『盗馬賊』（1985年）　230
『東風』（1969年）　202
『都会のアリス』（1974年）　169

『都会の一部屋』（1982年）　92
『時は止まりぬ』（1959年）　162
『ドキュメント　路上』（1964年）　156
『都市の夏』（1970年）　169
『突然炎のごとく』（1961年）　33, 65, 103, 222
『殿方は嘘吐き』（1932年）　13, 222
『友達』（1971年、未）　125
『友だちのうちはどこ？』（1987年）　231
『土曜の夜と日曜の朝』（1960年）　165
『トラック』（1977年）　126
『トラベラー』（1974年）　231
『囚われの女』（2000年）　116
『囚われの美女』（1983年）　127
『とらんぷ譚』（1936年）　221
『トルチュ島の遭難者たち』（1976年）　99~100
『トルペド航空隊』（1983年）　199
『翔んだカップル』（1980年）　234
『ドント・クライ　プリティ・ガールズ！』（1970年）　193
『冬冬（トントン）の夏休み』（1984年）　227

●な
『ナイス・タイム』（1957年、未）　165
『ナイルの娘』（1987年）　228
『ナイン・マンス』（1976年）　194
『旅人（ナグネ）は休まない』（1987年）　232
『ナポリのそよ風』（1937年）　222
『鉛の時代』（1981年）　171
『ナミビアの砂漠』（2024年）　245
『ナモの村落』（1899～1900年）　215
『ならず者』（1960年、未）　176
『楢山節考』（1983年）　154
『ナンバー・ゼロ』（1971年）　109

●に
『ニーチェの馬』（2011年）　241
『苦い銭』（2016年）　236
『逃げ去る恋』（1979年）　63
『二重の鍵』（1959年）　60, 134
『二十四時間の情事』（1959年）　18, 20, 25, 31~32, 57, 81, 83, 85, 126, 134, 146, 188
『偽大学生』（1960年）　153
『尼僧ヨアンナ』（1961年）　186, 188
『日曜日の人々』（1930年）　219
『ニッポン国　古屋敷村』（1982年）　157
『にっぽん昆虫記』（1963年）　154
『日本解放戦線　三里塚の夏』（1968年）　157
『日本春歌考』（1967年）　141
『日本の夜と霧』（1960年）　138~139, 141, 143, 153
『日本舞踊：Ⅰ.かっぽれ』（1898～99年）　215
『人間は鳥ではない』（1965年）　195
『人間ピラミッド』（1961年）　30, 92

●ぬ
『盗まれた欲情』（1958年）　153

●ね
『狙われた男』（1956年）　149

●の
『ノー・ホーム・ムーヴィー』（2015年）　117
『ノスタルジア』（1983年）　196~197
『ノスフェラトゥ』（1979年）　170

●は
『パーティーと招待客』（1966年）　191
『ＰＥＲＦＥＣＴ　ＤＡＹＳ』（2023年）　170
『灰とダイヤモンド』（1958年）　185, 188
『敗北者たち』（1953年）　101
『墓泥棒と失われた女神』（2023年）　213, 240
『墓場なき野郎ども』（1960年）　104
『幕末太陽傳』（1957年）　153
『パサジェルカ』（1963年）　186, 188
『ハズバンズ』（1970年）　207
『裸の幼年時代』（1968年）　123
『二十歳の恋』（1962年）　63
『82年生まれ、キム・ジヨン』（2019年）　239
『はちどり』（2018年）　239
『蜂蜜』（2010年）　239
『パッション』（1983年）　70, 247
『ＰＡＳＳＩＯＮ』（2008年）　243
『ハッピーアワー』（2015年）　243
『鳩』（1960年）　189
『バナナパラダイス』（1989年）　229
『ＨＡＮＡ－ＢＩ』（1997年）　235
『ハヌッセン』（1988年）　194
『ハメルンの笛吹き』（1971年）　92
『パラサイト　半地下の家族』（2019年）　239
『薔薇の王国』（1986年）　171
『バラベント』（1962年）　201
『バリエラ』（1966年）　187
『パリ、テキサス』（1984年）　170, 247
『パリところどころ』（1965年）　11, 74, 209
『パリはわれらのもの』（1961年）　20, 58, 61, 64, 75~77, 105
『バルタザールどこへ行く』（1966年）　31
『春の劇』（1963年）　177~178
『パンと植木鉢』（1996年）　232
『半島の春』（1941年）　225
『ハンナ・アーレント』（2012年）　172

●ひ
『ピアニストを撃て』（1960年）　31, 33, 105
『ピアノ・レッスン』（1993年）　233
『ヒエロニムス・ボスの《快楽の園》』（1980年）　111
『東から』（1983年）　116
『悲情城市』（1989年）　227~228

『ピストルと少年』（1990年）　118
『人殺しの音楽家』（1975年、未）　120
『ひとつ空の下―3つのエピソード』（1961年）　199
『一晩中』（1982年）　116
『瞳をとじて』（2023年）　176
『ヒトラー、あるいはドイツ映画』（1977年）　171
『一人オーケストラ』（1900年）　215
『一人息子』（1936年）　224
『ひなぎく』（1966年）　190
『火の馬』（1964年）　197
『秘密の子供』（1979年）　114
『百万リラあげよう』（1935年）　223
『憑依舞踏へのイニシエーション』（1949年）　26
『ビリディアナ』（1961年）　177
『ひろしま』（1953年）　81
『ピロスマニ』（1969年）　198

●ふ
『ファースト・カウ』（2019年）　242
『不安は魂を食いつくす』（1974年）　168
『フィツカラルド』（1982年）　170~171
『フィフィ・マルタンガル』（2001年）　99
『夫婦間戦争』（1975年）　203
『フェイシズ』（1968年）　207
『ブエナ・ビスタ・ソシアル・クラブ』（1999年）　170
『鳳鳴（フォンミン）　中国の記憶』（2007年）　236
『袋いっぱいの蚤』（1962年）　190
『不思議なクミコ』（1966年）　95
『武士道無残』（1960年）　146
『不戦勝』（1965年）　187
『豚』（1970年）　109
『豚と軍艦』（1960年）　153
『ふたりの女、ひとつの宿命』（1980年）　194
『ふたりの人魚』（2000年）　236
『淵に立つ』（2016年）　243
『不変の海』（1910年）　217
『不滅の女』（1962年）　101, 126
『不愉快な話』（1977年）　110
『冬の旅』（1985年）　88
『プラットホーム』（2000年）　236
『フランシスカ』（1981年）　179
『フランスでの思い出』（1975年）　120
『ブリキの太鼓』（1979年）　167
『ブリスフリー・ユアーズ』（2002年）　237
『不良少女モニカ』（1953年）　64
『ブルー・ジーンズ』（1958年）　27, 49, 98
『フレンチ・カンカン』（1954年）　12, 100
『ブロンテ姉妹』（1979年）　120
『ブロンドの恋』（1965年）　189
『風櫃（フンクイ）の少年』（1983年）　228
『ブンミおじさんの森』（2010年）　237

●へ
『ヘカテ』（1982年）　174

『北京の日曜日』（1956年）　25, 31, 51, 96
『ペサックの薔薇の乙女』（1968年）　108
『ペサックの薔薇の乙女79』（1979年）　111
『ベトナムから遠く離れて』（1967年）　97
『ペトラ・フォン・カントの苦い涙』（1972年）　168
『蛇の道』（2024年）　242
『ベルサイユのばら』（1978年）　92
『ベルナルダ・アルバの家』（1987年）　176
『伯林大都会交響曲』（1927年）　219
『ベルリン・天使の詩』（1987年）　169~170
『ベレジーナ』（1999年）　174
『ベレニス』（1954年）　47
『ベロニカ・フォスのあこがれ』（1982年）　169

●ほ
『望郷／ボート・ピープル』（1982年）　230
『ボーイ・ミーツ・ガール』（1984年）　121, 247
『ぼくの伯父さん』（1958年）　102
『ぼくのお日さま』（2024年）　245
『ぼくの小さな恋人たち』（1974年）　110
『僕の村は戦場だった』（1962年）　196
『保護なき純潔』（1968年）　196
『ポネット』（1996年）　118
『ポンヌフの恋人』（1991年）　121~122

●ま
『マイルストーンズ』（1975年）　209
『マグダナのロバ』（1955年）　197
『マクナイーマ』（1969年）　203
『マダムの欲望』（1906年）　216
『街をぶっ飛ばせ』（1968年）　115
『マックス、モン・アムール』（1987年）　142
『マッチ工場の少女』（1990年）　234
『真昼の不思議な物体』（2000年）　237
『マホルカ＝ムフ』（1962年）　124
『幻の光』（1995年）　243
『ママと娼婦』（1973年）　109~110
『真夜中の虹』（1988年）　234
『マリア』（1975年）　199
『マリア・ブラウンの結婚』（1979年）　169
『マリー・アントワネットに別れをつげて』（2012年）　121
『マリとユリ』（1977年）　194
『マルケータ・ラザロヴァー』（1967年）　189
『マルメロの陽光』（1992年）　176
『まわり道』（1975年）　169

●み
『ミーティング・ヴィーナス』（1991年）　194

『Mr.レディMr.マダム』(1978年)　104
『水で書かれた物語』(1965年)　144
『水の中のナイフ』(1962年)　187
『水の話』(1958年)　20, 30, 47
『水の息子』(1955年)　30
『路』(1982年)　232
『密会』(1959年)　151
『身づくろいする日本の女』(1898～99年)　215
『密告』(1962年)　30
『密告の砦』(1966年)　192
『ミツバチのささやき』(1973年)　176
『皆殺しの天使』(1962年)　177
『皆さま、ごきげんよう』(2015年)　198
『水俣―患者さんとその世界―』(1971年)　156
『水俣病―その三〇年―』(1987年)　156
『身分証明書』(1964年)　187
『宮本から君へ』(2019年)　243
『ミュリエル』(1962年)　31, 83, 105, 126
『未来よ　こんにちは』(2016年)　240
『ミルク』(2008年)　239

●む
『麦の穂を揺らす風』(2006年)　166
『無垢なる聖者』(1984年)　176
『無言歌』(2010年)　236
『娘』(1968年、未)　193
『無防備都市』(1945年)　160
『村と爆弾』(1987年)　229

●め
『メイド・イン・USA』(1966年)　32
『迷夢』(1936年)　225
『メーヌ・オセアン』(1986年)　11, 99
『牝犬』(1931年)　30
『メフィスト』(1981年)　194
『MEMORIA　メモリア』(2021年)　237

●も
『もうひとりの人』(1988年)　195
『モダン・ライフ』(2008年)　128
『モデル・ショップ』(1968年)　91
『燃ゆる女の肖像』(2019年)　240
『モラン神父』(1961年)　32
『モンソーのパン屋の女の子』(1963年)　71, 73

●や
『夜行列車』(1959年)　186
『やさしい人』(2013年)　240
『山の焚火』(1985年)　174
『殺られる』(1959年)　104, 134
『ヤンヤン　夏の想い出』(2000年)　229

●ゆ
『夕なぎ』(1972年)　104
『郵便配達は二度ベルを鳴らす』(1942年)　223
『雪の轍』(2014年)　239
『夢の涯てまでも』(1991年)

170
『ＥＵＲＥＫＡ　ユリイカ』（2000年）　242
『揺れる大地』（1948年）　197, 202

●よ
『ようこそマーシャルさん』（1953年）　175
『ヨーロッパ横断特急』（1966年）　127
『ヨーロッパ新世紀』（2022年）　241
『夜風の匂い』（1999年）　114
『夜霧の恋人たち』（1968年）　63
『欲望の翼』（1990年）　231
『汚れた血』（1986年）　122
『夜空に星のあるように』（1967年）　166
『夜と霧』（1955年）　31, 50~51, 81~84, 95, 247
『夜の終りに』（1960年）　187
『夜の外側　イタリアを震撼させた55日間』（2022年）　163
『夜のダイヤモンド』（1964年）　191
『夜よ、こんにちは』（2003年）　163
『４ヶ月、３週と２日』（2007年）　241

●ら
『ライク・サムワン・イン・ラブ』（2012年）　231
『ライトシップ』（1985年）　187
『ラヴ・ストリームス』（1984年）　207
『ラジオ下神白』（2023年）　244
『ラ・ジュテ』（1962年）　31, 95~96
『ラッキー・ジョー』（1964年、未）　104
『ラ・パロマ』（1974年）　174
『ラ・ピラート』（1984年）　119
『ラ・ポワント・クールト』（1955年）　19, 26, 50, 86~87
『ラ・ミュジカ』（1967年）　126
『ランデヴー』（1985年）　120

●り
『リオの男』（1963年）　102
『リオ北部』（1957年）　200~201
『リオ40度』（1956年）　200~201
『リトアニアへの旅の追憶』（1972年）　207
『リバー・オブ・グラス』（1994年）　241
『リフ・ラフ』（1991年）　166

●る
『ルージュ』（1987年）　230
『ルードヴィヒⅡ世のためのレクイエム』（1972年）　171
『ルート１／ＵＳＡ』（1989年）　209
『ル・カドリーユ』（1950年）　46
『ルシア』（1968年）　205
『ル・ディヴェルティスマン』（1952年）　46

●れ
『レイニング・ストーンズ』（1993年）　166
『レイモン・ドゥパルドンのフランス日記』（2012年）　128
『レースを編む女』（1977年）

173
『レッドダスト』(1990年)　230
『レディ・チャタレー』(2006年)　240
『レニングラード・カウボーイズ・ゴー・アメリカ』(1989年)　234
『レベル５』(1996年)　95, 97
『恋愛ごっこ』(1959年、未)　102
『恋愛日記』(1977年)　222
『煉獄エロイカ』(1970年)　144
『恋恋風塵』(1987年)　227

●ろ

『ロイドの要心無用』(1923年)　204
『ローサは密告された』(2016年)　238
『ローズマリーの赤ちゃん』(1968年)　187
『ＲＯＭＡ／ローマ』(2018年)　241
『ローラ』(1961年)　26, 32~33, 89, 91
『ローラ』(1981年)　169
『ローラーとバイオリン』(1960年)　196
『ろくでなし』(1960年)　136, 142
『ロシュフォールの恋人たち』(1967年)　91
『ロベレ将軍』(1959年)　161
『ロワール渓谷の木靴職人』(1955年)　88
『倫敦から来た男』(2007年)　241

●わ

『我が至上の愛～アストレとセラドン～』(2006年)　74
『わが友イワン・ラプシン』(1982年)　199
『惑星ソラリス』(1972年)　196
『私、あなた、彼、彼女』(1974年)　115
『私の大嫌いな弟へ／ブラザー＆シスター』(2022年)　240
『私は黒人』(1958年)　26, 30, 52, 92~93, 161
『わたしは、ダニエル・ブレイク』(2016年)　166
『私をくいとめて』(2020年)　243
『わるい仲間』(1963年)　108

古賀 太(こが ふとし)

日本大学藝術学部映画学科教授。専門は映画史。一九六一年生まれ。国際交流基金に勤務後、朝日新聞社文化事業部企画委員、文化部記者を経て二〇〇九年より現職。著書に『美術展の不都合な真実』『永遠の映画大国 イタリア名画120年史』、訳書に『魔術師メリエス』など。フランスより国家功労勲章シュヴァリエ授与。

ヌーヴェル・ヴァーグ 世界《せかい》の映画《えいが》を変《か》えた革命《かくめい》

集英社新書一二五八F

二〇二五年四月二二日 第一刷発行

著者……古賀《こが》 太《ふとし》

発行者……樋口尚也

発行所……株式会社集英社

東京都千代田区一ッ橋二-五-一〇 郵便番号一〇一-八〇五〇

電話 〇三-三二三〇-六三九一(編集部)

〇三-三二三〇-六〇八〇(読者係)

〇三-三二三〇-六三九三(販売部)書店専用

装幀……原 研哉

印刷所……株式会社DNP出版プロダクツ TOPPANクロレ株式会社

製本所……加藤製本株式会社

定価はカバーに表示してあります。

ISBN 978-4-08-721358-4 C0274

Printed in Japan

a pilot of wisdom

a pilot of wisdom

- レオナルド・ダ・ヴィンチ ミラノ宮廷のエンターテイナー　斎藤泰弘
- モーツァルトは「アマデウス」ではない　石井宏
- 「井上ひさし」を読む 人生を肯定するまなざし　小森陽一／成田龍一 編著
- 百田尚樹をぜんぶ読む　杉田俊介／藤田直哉
- 北澤楽天と岡本一平 日本漫画の二人の祖　竹内一郎
- 音楽が聴けなくなる日　宮台真司／永田夏来／かがりはるき
- 谷崎潤一郎　性慾と文学　千葉俊二
- 英米文学者と読む「約束のネバーランド」　戸田慧
- 苦海・浄土・日本 石牟礼道子　もだえ神の精神　田中優子
- 万葉百歌　こころの旅　松本章男
- 拡張するキュレーション 価値を生み出す技術　暮沢剛巳
- 最後の文人 石川淳の世界　田中優子／小林ふみ子 ほか
- 職業としてのシネマ　髙野てるみ
- 演劇入門 生きることは演じること　鴻上尚史
- ドストエフスキー　黒い言葉　亀山郁夫
- 完全解説ウルトラマン不滅の10大決戦　古谷敏／やくみつる／佐々木徹
- 文豪と俳句　岸本尚毅

- ＥＰＩＣソニーとその時代　スージー鈴木
- ショパン・コンクール見聞録　青柳いづみこ
- 市民オペラ　石田麻子
- 新海誠 国民的アニメ作家の誕生　土居伸彰
- 書く力 加藤周一の名文に学ぶ　鷲巣力
- 死ぬまでに知っておきたい日本美術　山口桂
- 「鬱屈」の時代をよむ　今野真二
- ゲームが教える世界の論点　藤田直哉
- シャンソンと日本人　生明俊雄
- 永遠の映画大国 イタリア名画１２０年史　古賀太
- 江戸の芸者 近代女優の原像　赤坂治績
- 反戦川柳人 鶴彬の獄死　佐高信
- ハリウッド映画の終焉　宇野維正
- 死後を生きる生き方　横尾忠則
- 永遠なる「傷だらけの天使」　山本俊輔／佐藤洋笑
- 荒木飛呂彦の新・漫画術 悪役の作り方　荒木飛呂彦
- 新聞記者がネット記事をバズらせるために考えたこと　斉藤友彦

集英社新書　好評既刊

哲学・思想――C

創るセンス　工作の思考　森　博嗣
努力しない生き方　桜井章一
いい人ぶらずに生きてみよう　千　玄室
生きるチカラ　植島啓司
韓国人の作法　金　栄勲
自分探しと楽しさについて　森　博嗣
人生はうしろ向きに　南條竹則
日本の大転換　中沢新一
小さな「悟り」を積み重ねる　アルボムッレ・スマナサーラ
犠牲のシステム　福島・沖縄　高橋哲哉
気の持ちようの幸福論　小島慶子
日本の聖地ベスト100　植島啓司
続・悩む力　姜　尚中
心を癒す言葉の花束　アルフォンス・デーケン
その未来はどうなの？　橋本　治
荒天の武学　内田　樹／光岡英稔
世界と闘う「読書術」　思想を鍛える一〇〇〇冊　佐高　信／佐藤　優
心の力　姜　尚中
一神教と国家　イスラーム、キリスト教、ユダヤ教　内田　樹／中田　考
それでも僕は前を向く　大橋巨泉
体を使って心をおさめる　修験道入門　田中利典
百歳の力　篠田桃紅
ブッダをたずねて　仏教二五〇〇年の歴史　立川武蔵
「おっぱい」は好きなだけ吸うがいい　加島祥造
科学の危機　金森　修
悪の力　姜　尚中
生存教室　ディストピアを生き抜くために　内田　樹／光岡英稔
ルバイヤートの謎　ペルシア詩が誘う考古の世界　金子民雄
感情で釣られる人々　なぜ理性は負け続けるのか　堀内進之介
永六輔の伝言　僕が愛した「芸と反骨」　矢崎泰久・編
淡々と生きる　100歳プロゴルファーの人生哲学　内田　棟
若者よ、猛省しなさい　下重暁子
イスラーム入門　文明の共存を考えるための99の扉　中田　考

a pilot of wisdom

ダメなときほど「言葉」を磨こう　萩本欽一
ゾーンの入り方　室伏広治
人工知能時代を〈善く生きる〉技術　堀内進之介
究極の選択　桜井章一
母の教え　10年後の『悩む力』　姜尚中
一神教と戦争　橋爪大三郎　中田考
善く死ぬための身体論　内田樹　成瀬雅春
世界が変わる「視点」の見つけ方　佐藤可士和
いま、なぜ魯迅か　佐高信
人生にとって挫折とは何か　下重暁子
全体主義の克服　マルクス・ガブリエル　中島隆博
悲しみとともにどう生きるか　柳田邦男　若松英輔ほか
原子力の哲学　戸谷洋志
退屈とポスト・トゥルース　マーク・キングウェル　上岡伸雄・訳
「利他」とは何か　伊藤亜紗・編
はじめての動物倫理学　田上孝一
ポストコロナの生命哲学　福岡伸一　伊藤亜紗　藤原辰史

哲学で抵抗する　高桑和巳
いまを生きるカント倫理学　秋元康隆
未来倫理　戸谷洋志
日本のカルトと自民党　政教分離を問い直す　橋爪大三郎
アジアを生きる　姜尚中
サークル有害論　なぜ小集団は毒されるのか　荒木優太
スーフィズムとは何か　イスラーム神秘主義の修行道　山本直輝
スーザン・ソンタグ　「脆さ」にあらがう思想　波戸岡景太
一神教と帝国　内田樹　中田考　山本直樹
「おりる」思想　無駄にしんどい世の中だから　飯田朔
福沢諭吉「一身の独立」から「天下の独立」まで　中村敏子
限界突破の哲学　アレキサンダー・ベネット
教養の鍛錬　日本の名著を読みなおす　石井洋二郎
ヘーゲル(再)入門　川瀬和也
恋する仏教　アジア諸国の文学を育てた教え　石井公成
捨てる生き方　小野龍光　香山リカ
野性のスポーツ哲学　室伏重信

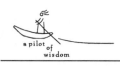